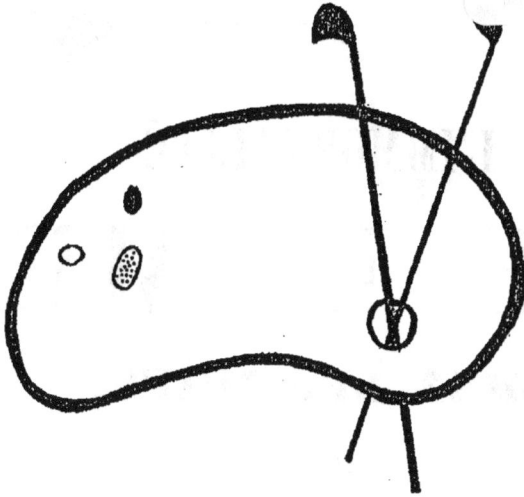

COUVERTURE SUPERIEURE ET INFERIEURE
EN COULEUR

L'IMMORTALITÉ
DE L'AME
CHEZ LES JUIFS,

PAR

LE DOCTEUR G. BRECHER,

Médecin de l'hôpital israélite de Prossnitz ;

Traduit de l'allemand, et précédé d'une introduction

PAR

ISIDORE CAHEN.

———— ••• ————

PARIS,

LIBRAIRIE DE A. FRANCK,

RUE RICHELIEU, 60,

Et aux Bureaux des *Archives israélites*,
16, rue des Quatre-Fils.

1857.

L'IMMORTALITÉ

DE L'AME

CHEZ LES JUIFS.

Typographie de Penaud frères, Faubourg-Montmartre, 10.

L'IMMORTALITÉ
DE L'AME
CHEZ LES JUIFS,

PAR

LE DOCTEUR G. BRECHER,

Médecin de l'hôpital israélite de Prosswitz;

Traduit de l'allemand, et précédé d'une Introduction

PAR

ISIDORE CAHEN.

PARIS,

LIBRAIRIE DE A. FRANCK,

RUE RICHELIEU, 60,

Et aux Bureaux des *Archives israélites*,
16, rue des Quatre-Fils.

1857.

LETTRE AU TRADUCTEUR.

Monsieur,

La traduction du dernier ouvrage de M. le docteur Brecher, que vous annoncez, sera lue, j'en suis sûr, avec beaucoup d'intérêt, non-seulement par nos coreligionnaires, mais en général par tous ceux qui aiment à s'occuper des intérêts les plus sérieux de la vie humaine.

Depuis trop longtemps, on avait pris l'habitude, en traitant de l'immortalité de l'âme, de la refuser aux livres de Moïse, et en général à la Bible, tout en admettant que les Juifs avaient été les premiers à proclamer la doctrine d'un Dieu, pur esprit, qui a créé tous les hommes à son image. Le judaïsme, fier et insouciant, était resté indifférent à l'opinion générale, ou bien à ce qu'on est convenu de désigner sous le nom d'esprit du temps, et croyant avoir l'éternité pour lui, se taisait; c'est ainsi que peu à peu l'idée s'est infiltrée dans la plupart des esprits, que les Juifs n'avaient pas

1*

connu anciennement la doctrine de l'immortalité
de l'âme.

M. le docteur Brecher, le savant commentateur
et éditeur du *Cosri*, a donc rendu un véritable
service à la littérature, en réunissant les divers
passages de l'Écriture sainte, du Talmud, ainsi que
des livres traditionnels de notre croyance, les opinions des docteurs juifs des divers siècles; en un
mot, les idées et les coutumes des Israélites sur
tout ce qui concerne la vie future.

La doctrine consolante, désignée généralement
sous le nom d'immortalité de l'âme, s'est emparée,
avec une force égale à celle de l'attachement à
Dieu, de tout cœur israélite.

En traduisant ces idées dans la langue française,
la plus universelle et la plus répandue parmi les
divers idiomes des peuples civilisés, vous aiderez
à déraciner des erreurs trop longtemps accréditées.
M. Brecher a peut-être poussé trop loin l'impartialité du rapporteur, en faisant connaître toutes
les superstitions qui, à travers les divers âges et
les différents pays, se sont attachées à cette sublime
vérité, pareilles aux plantes inutiles, qui enlacent

l'arbre sans le priver de la séve vivifiante : ces croyances étaient plutôt le résultat d'une foi trop ardente. De toute manière, ce livre, qui est bien loin d'épuiser une aussi riche matière, étant le premier de ce genre, aura frayé la route à d'autres productions.

Agréez, Monsieur, je vous en prie, avec tous mes remercîments, l'assurance de ma considération la plus distinguée.

Paris, 28 décembre 1856.

ALBERT COHN

INTRODUCTION.

La lettre qu'on vient de lire est la meilleure, la
plus significative introduction de ce livre; elle en
explique le sens et le but, elle explique aussi comment nous avons été amené à le traduire.

Le sujet de l'immortalité de l'âme a été si souvent traité, que nous nous serions médiocrement
soucié d'ajouter une dissertation de plus à toutes
celles qu'il a inspirées aux philosophes et aux
théologiens. Les preuves qu'on peut invoquer à
l'appui de ce dogme sont aujourd'hui vulgarisées,
et les âmes, qui ne trouvent point dans la foi
qu'elles professent des lumières suffisantes, réuni-
ront sans grande peine tous les arguments qu'a
découverts et solidement assis la raison humaine,
en travail depuis tant de siècles; quant à l'autre
face du problème, je veux parler des conditions
mêmes dans lesquelles s'accomplit l'immortalité,
du sort réservé à l'âme lorsqu'elle s'est séparée
du corps, il est vrai de dire que la solution di-

recle et affirmative de cette redoutable question
n'a guère avancé, et que ni religion ni philosophie n'a rendu encore un compte acceptable de
ce qu'elle peut être ; une psychologie savante, une
étude approfondie des rapports de l'âme et du
corps, en exerçant sur ce terrain, n'a su que le
déblayer des idées fausses et des imaginations
insensées qui l'obstruaient, dissiper les illusions,
les folles créations de l'anthropomorphisme ; on a
pu dire et démontrer tout ce qu'il était impossible que fût l'homme en possession de l'immortalité, on n'a pu se représenter, concevoir ce
qu'il doit être alors ; l'état d'un esprit séparé de
toute matière semble destiné à nous rester toujours
inconnu, par cela que, composés en cette vie d'esprit
et de matière, nous ne pouvons, dans aucun cas,
nous détacher absolument de toute matérialité. Il y
a là, sans doute, un de ces mystères surhumains
comme toutes les sciences, toutes les investigations
humaines en présentent : on s'honore en les avouant,
en les reconnaissant, comme on ne s'honore pas moins
en perçant à jour, en déchirant les mystères de création humaine, d'artificielle contexture, qui ne font

que compliquer les difficultés et écraser l'intelligence sous le poids d'énigmes multipliées. Les mystères de cette dernière catégorie étouffent le libre arbitre et arrêtent l'essor de la pensée; ils résolvent l'inexplicable par l'impossible, et substituent à l'impénétrable le contradictoire, l'absurde. Les mystères de la première espèce ne sont souvent que des pierres d'attente, des colonnes d'Hercule provisoires, et ne nuisent d'ailleurs à aucun progrès, à aucun développement de la vérité. Nous ignorons comment se comporte une âme isolée d'un corps : avons-nous une idée plus nette de la nature de l'électricité et même de sa vitesse ? Nous représentons-nous comment les nerfs du mouvement, substance matérielle, peuvent obéir à une résolution de la volonté, substance évidemment spirituelle? Avons-nous quelque idée des rapports qui peuvent exister entre Dieu, le suprême auteur de toutes choses, pur esprit, d'une part, et de l'autre les lois naturelles du monde, les phénomènes universels et immuables de la création, qui ne peuvent avoir commencé et qui ne sauraient durer sans lui?

Il faut qu'on le comprenne bien : le problème

qui soulève l'existence d'un être spirituel sans matière n'est pas particulier à la doctrine de l'immortalité de l'âme ; il est général, et l'on ne saurait
s'en faire une arme contre la philosophie : partout,
dans le domaine de toutes les sciences, pour
qui remonte aux principes, et veut se rendre
compte du *comment* de la production des phénomènes, la raison s'arrête étonnée, effrayée de l'a-
bîme qu'elle conçoit entre la matière et l'esprit,
et qui doit pourtant être comblé, puisque ces deux
ordres de réalité coexistent.

La philosophie, sans méconnaître l'immensité
de cette difficulté, n'y voit pas une raison de se
décourager ; la foi n'en dit pas à cet égard plus long
qu'elle ; au contraire, elle en dit souvent moins, puisqu'elle respecte des tranchées inutiles ou élève de
nouvelles cloisons entre l'esprit et la vérité ; les
autres sciences, les sciences des objets tangibles et
sensibles, ne sont pas plus avancées à cet égard ;
elles le sont toujours moins, puisqu'elles passent à
côté de la difficulté, et concentrent même sur des
objets inférieurs toute l'activité de l'intelligence.

Deux points sont désormais acquis à la réflexion

sérieuse et impartiale, désintéressée des préjugés
de tout ordre : le premier, c'est que l'âme peut et
doit survivre au corps ; le second, c'est qu'elle ne
saurait lui survivre dans des conditions corporelles,
et qu'en puisant dans l'ordre physique une idée de
l'avenir réservé à l'esprit, on aboutit nécessairement à des conclusions contradictoires. Ces deux
certitudes sont de telle valeur qu'il convient de les
fortifier de toute manière, par la méditation, par
la discussion, et aussi par l'histoire.

Pour juger des progrès accomplis par la raison
humaine sur des questions de cette importance,
il ne faut pas les considérer du point de vue où tant
de générations de penseurs nous ont amenés, où
tant de révolutions intellectuelles et sociales nous
ont placés; une lorgnette du dix-neuvième siècle
conviendrait mal à l'observateur ; il y a un double
intérêt de justice et de science à étudier comment
ces nobles convictions se sont formées, à faire la
part des influences diverses qui y ont contribué,
à rendre à chacun des éléments d'où elles sont
écloses, son certificat d'origine et son rang. La
science éprouve le besoin de dresser l'état civil et

de retrouver la filiation des croyances ; la justice
exige que cet état civil soit redressé, et cette filiation remaniée, quand l'ignorance, l'esprit de parti
ou de secte, l'intolérance ont propagé des préven-
tions blâmables, des erreurs de fait.

L'opinion généralement admise qui refuse aux
Juifs la croyance à l'immortalité de l'âme, qui n'en
reconnaît pas trace dans leurs livres saints et qui
infère de là que ce dogme capital était étranger à
leurs idées et à leurs mœurs, cette opinion est une
erreur de fait, un préjugé historique. Il serait
difficile de comprendre que la race déiste et monothéiste par excellence, la race dont la vie tout
entière était pénétrée par la croyance à Dieu, fût
restée étrangère à une croyance inséparable de
celle-là ; l'idée d'une rémunération future, d'une
justice ultérieure définitive, et d'un Juge suprême,
est indispensable pour expliquer les résistances que
les Juifs opposèrent jadis à toute domination étrangère, et l'héroïque obstination avec laquelle ils ont
bravé, depuis l'ère chrétienne, toutes les humilia-
tions et les persécutions. La connaissance des textes confirme ce que la raison démontre : en étudiant

2

la Bible, on découvre les traces évidentes d'enseignements relatifs à l'âme et à sa persistante durée ;
en étudiant les écrivains postérieurs, les livres
traditionnels et les œuvres des philosophes et
théologiens juifs du moyen âge, on suit le développement de cette même doctrine, matérialisée
par la foule, comme toujours, mais spiritualisée
par les docteurs et souvent défigurée par l'imagination; mais ce n'est pas aux formes périssables
d'une idée qu'il faut s'arrêter ; ce n'est pas sur
les mutilations que le vulgaire lui fait subir, ni sur
les emportements, parfois les extravagances des
mystiques, qu'il convient de la juger : ceux-ci
arrivent par les raffinements de l'idéalisme où
celui-là tombe par les enivrements des sens. Tout
préciser ou tout confondre, tel est le double écueil,
et la doctrine de l'immortalité n'y a point échappé
parmi les juifs; mais ces écarts sont passagers.
Obscurcie par les superstitions populaires ou par
les caprices extatiques des rêveurs, la doctrine se
relève de temps en temps, et on peut suivre à travers
les âges une traînée de beaux génies dont les écrits,
dont les noms mêmes sont presque inconnus au

public, mais dont le moment est venu de réha-
biliter la mémoire et de signaler le généreux esprit.
Une telle étude, pour être complète, en compren-
drait trois :

Celle des écoles ou sectes religieuses qui se développèrent sous l'influence de la civilisation helléni-
que et de la domination égyptienne : les pharisiens, les
saducéens, les esséniens, les thérapeutes, etc. L'histoire en a été faite en allemand par M. Peter Beer.

Celle des vastes compilations qui s'élaborèrent
dans les premiers siècles après l'ère chrétienne : le
Talmud, la *Mischna*, le *Sohar*, etc.

Celle, enfin, des grands théologiens ou philosophes (le plus souvent l'un et l'autre à la fois)
qui s'exercèrent individuellement sur les divers
sujets de la métaphysique et de la morale. Parmi
les premiers : Raschi, R. Tam, Aben-Esra,
Abarbanel ; parmi les seconds : Saadia, l'auteur du
Livre des Croyances et des Opinions ; Ibn-Gebirol
ou Avicebron, qui a composé la *Source de la Vie ;*
Juda Halevi, l'auteur du *Cosri ;* Maimonide, l'auteur du *Guide des Égarés ;* Jedaiah Penini, qui a
fait *l'Examen du Monde ;* Levi-ben-Gerson, le

fécond auteur des *Guerres du Seigneur*; Ahron-
ben-Élie, l'auteur de *l'Arbre de la Vie*; Joseph
Albo, qui a écrit le *Traité des Principes*, et bien
d'autres qui ont vécu du neuvième au seizième
siècle en France, en Espagne, en Asie.

Nous avons indiqué ailleurs (1) quel était
l'homme le plus capable de recueillir les matériaux
d'une pareille histoire, le plus apte à tirer ces
morts illustres de leurs tombeaux pour les replacer
sur un piédestal accessible à tous. Les fragments
nombreux de M. Munk, épars dans le *Dictionnaire
des Sciences philosophiques*, sont déjà les pierres
taillées de cet édifice; ils vaudront désormais à la
pensée juive une place dans l'admiration ou l'estime
des hommes instruits à côté des penseurs de la
Grèce et de Rome, de la scolastique chrétienne et de
la Renaissance. Avec MM. Zunz, Furst, Jellinek,
Delitsch, etc., en Allemagne, personne plus que
M. Munk, en France, n'aura contribué à restituer
ces travaux à la science. Aujourd'hui, nous n'interrogeons la doctrine et la tradition juives que sur

---

(1) *Journal des Débats* du 17 octobre 1856.

un point spécial, et nous n'avons cru pouvoir mieux faire que de traduire le succinct exposé donné par un médecin allemand, M. le docteur Brecher; il suffira pour démontrer aux esprits non prévenus que la théorie de l'immortalité, esquissée dans les livres saints, a été à travers les âges soumise à un travail constant de perfectionnement et d'épuration; qu'elle a été l'objet des spéculations des penseurs et l'aliment de la nation tout entière.

Mais il nous semble destiné à produire un résultat plus important encore : les persécutions qui n'ont pu entamer la race juive, ébranler sa foi, rompre le lien de sa nationalité, ont certainement desséché son âme à l'endroit de tout ce qui n'était pas elle; l'isolement a aigri les cœurs. Privés de toutes les libertés, réduits à la seule richesse mobilière, obligés de vivre au jour le jour et de concentrer toutes leurs affections, les israélites ont dû chercher dans la fortune un refuge et une consolation, et n'ont pu professer des sentiments d'amour pour une société qui leur courait sus; mais le culte de la pensée, l'examen des problèmes philosophiques et religieux ne s'est pas interrompu

2.

chez eux. Bien des gens seront surpris aujourd'hui d'apprendre que cette race de proscrits et de banquiers (nous employons à dessein le terme le plus doux) ait produit tant de savants et de philosophes. En présence de tous ces grands noms exhumés par d'éminents philologues, de ces doctrines si vastes et si variées, de ces conceptions si hautes et si abstraites, on s'habituera à voir dans les israélites autre chose que des usuriers, et à faire à leurs malheurs une large part dans leurs défauts; on ressentira quelque respect pour cette race chassée, vilipendée, pillée, abreuvée d'outrages, brûlée, où se sont formées de si puissantes intelligences, où se sont poursuivies des discussions si désintéressées, sans nul rapport avec les vains objets de l'ambition et de la cupidité humaines.

Cette impression sera nécessairement celle de tous les esprits impartiaux qui se familiariseront avec les docteurs dont les noms et les œuvres sont cités ici. L'admiration pour les maîtres engendrera la sympathie pour les disciples, la commisération et l'estime pour la race qui n'est affranchie encore que dans un tiers de l'Europe; elle concourra ainsi

à affaiblir les préjugés de secte à secte et à res-
serrer les relations sociales, à rapprocher les
citoyens de croyances différentes. Ceci n'est pas un
mince avantage à une époque où l'individualisme
a fait tant de progrès, où les révolutions et les
agitations ont semé dans l'air tant de germes de
désunion et de sourd mécontentement.

Une autre observation dont nous ne pouvons
nous dispenser avant de finir, c'est que l'ouvrage
expose avec la plus entière sincérité, non-seulement les théories arrêtées et systématiques, mais
les erreurs vulgaires, les bizarreries individuelles
des illuminés et les superstitions de la masse, la
doctrine de l'immortalité telle qu'on la concevait
en haut, et telle qu'on la pratiquait en bas. On n'y
a pas exagéré le spiritualisme des convictions ni
masqué la confusion des idées; cette impartialité
d'appréciation est conforme à l'esprit même de la
croyance juive et aux tendances de ses docteurs;
elle n'est que le reflet de l'indépendance intellectuelle dont ils ont joui. Tandis que la pratique ga-
gnait chaque jour en rigueur, tandis que la vie était
enserrée de plus en plus dans les liens d'un forma-

lisme inextricable, la plus vaste et la plus libre
carrière s'ouvrait aux intelligences; on pouvait
tout discuter et tout dire : dans les livres, on pouvait, la plume à la main, agiter les plus épineuses
questions, et l'arène des esprits n'avait ni barrières
ni gardiens; de là, cette diversité de conceptions
et même ces étrangetés d'imagination, ces écarts
de logique qui feront parfois sourire ; mais les sub-
tilités de l'argumentation, les rapprochements inat-
tendus, les conclusions singulières, auront pour le
lecteur studieux un genre d'intérêt tout spécial ;
elles l'initieront aux procédés d'une casuistique
originale, longtemps florissante, aujourd'hui presque éteinte, où la subtilité grecque, le mysticisme
oriental, l'imagination espagnole s'alliaient à l'ascétisme hébreu ; rien ne saurait mieux lui donner
que ces quelques pages une idée du système d'interprétation adopté dans les écoles et les académies
juives, des formes de la discussion, de la méthode
qui y était suivie, de la hardiesse et de l'étrangeté
des inductions usitées. Il en a été de la scolastique juive comme de la scolastique chrétienne; en
disputant sur les mots, on disputait sur les choses,

et l'application même des termes, des locutions bibliques, fournissait aux théories opposées un champ de bataille suffisant. L'auteur a donc bien fait de fournir cet aliment à la curiosité du public, et de lui donner un court échantillon de cette polémique ardente, contemporaine, ou plutôt devancière des luttes analogues soulevées au sein de la chrétienté, sous les noms de nominalisme, de réalisme et de conceptualisme.

On lui en saura gré ; on ne le louera pas moins d'avoir, avec une honorable franchise, montré les petitesses du génie aussi bien que ses grandes vues, d'avoir fait sincèrement aux légendes et aux traditions leur part ; c'est de la couleur locale de la meilleure espèce ; c'est aussi un gage de respect donné à la vérité. On est excusable de s'être abaissé à toutes ces misères de dialectique et d'herméneutique, quand on a compris ou pressenti tous les arguments véritables qui militent en faveur d'une doctrine. Celle des philosophes juifs a tout vu, tout embrassé sur l'immortalité de l'âme, depuis le paradis de Mahomet et le Diable des superstitions chrétiennes du moyen âge, jusqu'aux démonstrations métaphysiques de Platon et de Descartes, à la preuve morale invoquée par Kant, à l'argument psychologique de l'école française contemporaine.

Nous aurions satisfait à nos principales obligations, sauf une, celle de la reconnaissance, si nous nous séparions du lecteur sans lui faire connaître le nom du savant libéral qui nous a inspiré l'idée de cette traduction, et qui en a accepté le patronage. Ce nom n'est autre que celui du signataire de la lettre dont ces lignes sont précédées, M. Albert Cohn. En nous l'adressant, il n'a pas cru devoir indiquer le rôle qui lui convient dans l'accomplissement de notre œuvre; il nous appartenait de le rappeler. L'honneur de ce philanthrope, qui consacre une moitié de sa vie au soulagement des misères matérielles de ses coreligionnaires, est d'en vouer l'autre à favoriser la restauration des monuments littéraires juifs, à soutenir les écrivains qui entrent dans cette voie, à rendre aussi de signalés services à la philologie, à l'exégèse, à l'histoire. Il n'y a que stricte justice à mentionner une coopération aussi bienveillante; au lecteur de juger si elle a été féconde ! *Isidore Cahen.*

PRÉFACE.

—

La conviction de la persistance de notre être après la mort, conviction si salutaire, si importante pour notre bonheur, est liée si intimement avec la religion juive que celle-ci, dépouillée d'un élément aussi essentiel, ne pourrait subsister. En essayant, dans cet écrit, de suivre depuis son origine le développement de la doctrine de l'immortalité de l'âme chez les israélites, et de déterminer quelles ont été, aux diverses périodes de leur histoire si agitée, les idées généralement reçues à cet égard, nous avons résolu de nous placer à un point de vue purement historique, abstraction faite de toute considération dogmatique. Les hommes éclairés penseront, comme nous, que l'impartialité la plus absolue est la première condition pour arriver à la vérité dans un travail de ce genre. Que l'on qualifie, si l'on veut, du nom de rationalisme une semblable impartialité, dont tout investigateur consciencieux se fait une loi, pourvu qu'on nous accorde que de cette façon les convictions person-

nelles de l'investigateur ne peuvent avoir aucune
influence sur ses recherches, et qu'il fait bien
d'écarter toutes les préoccupations de nature à
entraver ou à fausser ces recherches. Tel est aussi
le point de vue sous lequel nous désirons qu'on
juge notre travail.

Quant aux matériaux recueillis par nous, tout
en ne nous flattant pas d'avoir épuisé le sujet,
nous croyons avoir réuni et mis en œuvre les don-
nées les plus essentielles ; puissent d'autres com-
bler les lacunes que nous aurons laissées !

L'AUTEUR.

Prosswitz, juillet 1856.

RÉFLEXIONS PRÉLIMINAIRES.

La législation mosaïque avait pour objet de frayer à la nation tout entière, comme à chacun de ses membres, une voie, d'imprimer à l'activité humaine une direction éminemment propres à hâter et à accroître le progrès général et individuel. Mais s'il était nécessaire, à cette fin, d'éclairer le peuple sur les attributs et sur la providence divine, elle crut cependant devoir s'abstenir jusqu'à un certain point de toucher aux idées généralement répandues alors sur les vérités éternelles, telles que l'excellence de Dieu et l'immortalité, et laisser au développement naturel de la raison humaine le soin de produire les résultats que le divin auteur de cette législation avait en vue. Nous inférons cela de l'absence de tout commandement positif dans le Code de Moïse sur les hautes conceptions rationnelles, telles que l'existence de Dieu et l'immortalité de l'âme. A quoi tient donc ce silence? A ce que Moïse les avait trouvées établies avant lui chez son peuple, et qu'il regardait comme superflu tout enseignement de ce genre. La croyance à un Être suprême avait déjà pénétré le peuple; seulement, elle avait, dans le cours des siècles, et par suite d'un séjour prolongé au milieu d'une nation polythéiste, dégénéré en polythéisme. Moïse se proposa comme

3

le but principal de ses efforts de ramener le peuple
israélite au monothéisme; et pour cela, il fit ressor-
tir avant tout les bienfaits de la protection toute
spéciale dont l'Éternel favorisait le peuple israélite.
Les dix commandements ne commencent pas par
ériger en loi suprême l'existence d'un Dieu créateur; c'était là, nous l'avons dit, une vérité acceptée,
reconnue. Mais le premier commandement du Sinaï fait reconnaître en Dieu celui qui a sauvé le
peuple de l'esclavage d'Égypte, et le commandement qui suit immédiatement proscrit toute espèce
d'idolâtrie. De même encore, Moïse trouva les idées
de son peuple sur l'immortalité de l'âme et sa destination ultérieure suffisantes pour lui faire atteindre cette vie agréable à Dieu que l'accomplissement de ses préceptes rend seule possible. Démontrer qu'une certaine notion de l'immortalié de
l'âme était déjà alors accréditée chez les israélites, tel
sera un des objets de ce travail. Moïse laissa provisoirement cette notion sans y toucher; il y a plus,
il attendit, du développement de sa nation, le perfectionnement des idées abstraites, et c'est précisément l'honneur de la religion mosaïque de n'avoir
point imposé à l'intelligence de ceux qui la pro-
fessaient la camisole de force de dogmes absolus,
et d'avoir laissé le plus large champ au libre développement de la raison. Quoi qu'il en soit, il n'a
paru en ce monde aucun système, aucune théorie
philosophique dont l'histoire ait gardé trace, sans

que la théologie juive s'en soit emparée pour l'adapter à son génie propre.

Nous essayerons, dans l'écrit qu'on va lire, de suivre la doctrine de l'immortalité chez les israélites, dans toutes ses formes et à toutes ses phases, depuis son origine jusqu'aux siècles les plus rapprochés de nous. Nous partageons, pour faciliter cette étude, le tout en quatre périodes, et nous ne dirons ici que quelques mots de la manière dont nous avons traité la première, celle des temps bibliques, car les autres n'ont pas besoin d'éclaircissements.

A l'époque biblique, nous trouvons le principe vital des animaux (*l'esprit de vie*) clairement reconnu comme distinct du corps lui-même, témoin les expressions « la *nephesch* (âme) que Dieu nous a donnée, » et « toi (Dieu) tu leur retires ton esprit (*Ruach*) et eux (les êtres vivants) périssent », et celle-ci : « Puisse l'esprit de vie (*Ruach*) de l'enfant rentrer en lui, etc. » Cependant toutes les expressions qui signifient vie et âme, *nephesch, ruach, nechama*, s'appliquent aux êtres vivants, en général, aussi souvent qu'à l'homme. Plus tard, et sous l'influence d'idées plus avancées, on a appliqué un grand nombre de versets de la Bible à l'immortalité, à la destination future de l'âme et au jugement de Dieu. La critique n'aurait donc le droit de s'en servir pour l'époque biblique, qu'à la condition d'avoir préalablement démontré l'existence de telles idées à cette époque; autrement, on pourrait traiter une pareille exégèse d'anachronisme, et appliquer tous ces passages de la Bible à la vie terrestre, à la mort terrestre et au tombeau. Nous ne pouvions donc, pour rester dans la juste mesure, admettre que les passages ou l'objet que nous poursuivrons se montre sans équivoque, et nous avons dû laisser les passages plus controversables pour les périodes subsé-quentes, pour les temps où, la doctrine de l'im-mortalité s'étant développée, étant devenue le patrimoine commun du peuple israélite, la critique peut, sans forcer les textes, les appliquer à des vérités reconnues.

L'IMMORTALITÉ

DE L'AME

CHEZ LES JUIFS.

CHAPITRE PREMIER.

L'IMMORTALITÉ DE L'AME A L'ÉPOQUE BIBLIQUE.

> Nous n'avons que peu de jours à vivre,
> mais notre esprit est immortel, il vit
> éternellement, sans vieillir.
> *Phocylide.*

On ne peut concevoir qu'un peuple s'élève au-
dessus du niveau de la barbarie, sans atteindre en
même temps à l'idée de l'immortalité. Le désir d'une
prolongation de la vie est trop profond dans le
cœur humain, l'homme apprend trop tôt le néant,
le vide, l'insuffisance de la vie terrestre, le besoin
d'une existence meilleure, assurée, s'éveille trop vivement en lui pour qu'il ne se rattache pas à de con-

3.

solantes espérances comme à une ancre de salut.
Si l'intelligence d'un peuple se développe, s'il s'é-
lève à des idées plus hautes, il apprend à distinguer
la matière, et la force qui la domine, aperçoit Dieu
à travers la nature, et commence à se soumettre aux
lois que sa raison lui impose ; alors, en considérant
le monde moral, l'insuffisance des forces humaines
et de la vie terrestre pour arriver au bien suprême,
la disproportion qui existe entre la vertu et le bonheur, en se convainquant que l'ordre moral conçu
par la raison n'est pas, ne saurait être réalisé dans
ce monde ; alors, dis-je, ce peuple arrive bientôt à
conclure que cette vie imparfaite doit être suivie
d'une vie parfaite, où l'homme vertueux arrive seul
au bonheur, où l'attend un ordre moral que rien ne
pourra troubler, où enfin ses efforts vers la perfection trouveront une pleine satisfaction.

En effet, si haut que nous remontions dans l'histoire de l'humanité, nous ne trouvons pas un peuple
chez lequel la croyance à l'immortalité de l'âme
n'ait poussé de profondes racines ; de même encore,
chez les peuples sauvages qui existent aujourd'hui,
il n'y en a aucun qui ne considère l'âme comme un
être distinct du corps, et qui doute de sa durée. Le
Caraïbe reconnaît en lui-même son *Lanichi*, et le
Groenlandais son *Tarngek;* tous les sauvages

croient que cet être distinct du corps vit encore lorsque celui-ci est depuis longtemps déjà en pourriture, car la mort ne détruit que la matière brute et ne peut rien contre l'âme qui est d'une étoffe plus pure et plus fine.

Adressons-nous maintenant au peuple le plus anciennement connu de la terre, le peuple hindou ; celui chez qui, de temps immémorial, ont fleuri les sciences et les arts ; celui dont on considère les idées religieuses comme le fondement des théogonies et des cosmogonies de tous les autres peuples de l'ancien monde, et comme la source où ils ont puisé. Les Hindous étaient longtemps avant l'époque d'Abraham un ancien peuple, en possession d'une solide organisation, d'une caste sacerdotale instruite, d'un système religieux très-savant, et leurs palais, leurs temples bâtis dans le roc, aujourd'hui à demi ruinés, sont encore admirés comme des merveilles de l'art.

La croyance religieuse des Hindous était panthéiste : de l'Eternel-Un, Brahm, émanait une trinité (*trimurti*) divine ; Brama, le créateur du monde, Vischnou, le conservateur du monde, et Schiwa, le principe de destruction ; puis vient Moisasur avec la troupe infinie des êtres célestes qui portent le nom générique de Deweta, Dewta ou Diwi. Brama

était le chef suprême du monde des Esprits, et Moisasur le prince des Dewetas. Moisasur, Rhabun et
leurs partisans se soulevèrent par jalousie contre
Brama, et furent précipités dans l'*Ondera,* ou abîme
des ténèbres. Là, les rebelles gémirent longtemps,
jusqu'à ce que l'Éternel-Un, cédant aux instances de
ceux qui étaient restés fidèles, voulût bien favoriser
leur délivrance. Il fit naître quinze mondes : sept
supérieurs, sept inférieurs et un intermédiaire,
parce que les coupables, métamorphosés en
animaux, devaient passer successivement par
autant de degrés de purification et d'expiation.
Dans ces corps d'animaux ils devaient, comme des
captifs, être soumis, en proportion de leurs fautes
passées, à des épreuves plus ou moins doulou-
reuses ; et, enfin, après quatre-vingt-neuf migrations diverses, entrer dans des corps d'hommes où
leurs forces, pour le bien et pour le mal, devaient
redevenir ce qu'elles étaient dans leur état primitif.
Là, à cette phase supérieure de l'épreuve, ils pouvaient, par l'obéissance et la fidélité, se préparer à
franchir les derniers degrés de l'expiation, jusqu'à
en atteindre la fin ; si, au contraire, oublieux de
leurs fautes, ils faisaient mauvais usage de leur raison et de leur liberté, ils devaient retomber de
l'existence humaine dans la plus infime de toutes,

et parcourir de nouveau le cercle entier d'épreuves.

Ainsi toutes les âmes, tous les esprits qui animent un corps d'homme ou d'animal, sont des anges déchus, ou des esprits qui, pour des fautes commises antérieurement, alors qu'ils n'existaient que comme esprits, ont perdu leur bonté, leur pureté première, et se trouvent dans cet état de châtiment ou d'épreuve.

Les esprits et les hommes doivent tous retourner à la lumière et se réunir dans le ciel. Mais avant qu'une âme quitte une enveloppe usée et souillée pour en revêtir une neuve, il lui faut comparaître devant le juge des morts, *Yamans*, pour entendre l'énumération de ses actes et pour être jugée en conséquence : l'âme méchante est condamnée à l'enfer, celle qui n'est pas encore perdue sans retour subit des châtiments expiatoires, celle qui est bonne a le ciel d'*Indra*. (*Nicolas Müller*, Hindous, I, 212.)

Nous retrouvons ces enseignements, avec diverses modifications, chez les boudhistes, les Chaldéens et d'autres peuples primitifs. Mais jetons seulement un regard sur ceux des anciens Perses. L'être infini et tout-puissant, enseigne le Zend-Avesta, créa Ormuzd et Ahriman, le bon et le mauvais principe. A l'origine, Ahriman était aussi un être bon ; mais il se révolta, par jalousie, et il devint

le souverain de l'empire nouveau des ténèbres. Entre les deux empires se trouve la terre, le théâtre
du combat entre le royaume de la lumière et celui
des ténèbres. Ahriman, avec ses *dews*, attaqua le
ciel, et fut précipité dans le *Dusak* (l'enfer). Le devoir des hommes, dont le premier couple fut séduit
par Ahriman, est de soutenir victorieusement la
lutte contre le mal, de travailler pour le bien et de
marcher dans la lumière. Lorsque l'homme dévoué
au bien vient à mourir, son âme est admise dans le
séjour des bienheureux; mais l'âme du méchant
tombe dans l'abîme du Dusak. A la fin des jours,
tous les hommes reviendront à la lumière et les
morts se réveilleront.

Telles étaient les idées généralement répandues,
à l'époque des Patriarches, parmi les peuples arrivés à un certain degré de civilisation. Que le patriarche Abraham, bramane monothéiste (comme on
l'a prétendu en s'appuyant sur la conformité du
nom), soit venu de l'Inde à Ur en Chaldée, et en Mé-
sopotamie, et qu'il y ait répandu la doctrine de
l'unité de Dieu, ou que sa raison se soit d'elle-même
ouverte à la lumière à la quarante-troisième ou qua-
rante-huitième année de sa vie, comme le croient
les rabbins (*Midrasch-Rabba* (1), ch. XXX), il y a un
point qui est hors de cause, c'est qu'Abraham ne

peut pas ne pas avoir connu et accepté la doctrine
de l'immortalité. Mais comme les récits de l'Écriture sainte sur les Patriarches datent de siècles
postérieurs, c'est-à-dire de l'époqne mosaïque, et
qu'il faut, par conséquent, avoir égard aux idées de
cette époque, nous ne pouvons nous arrêter aux
indications éparses dans l'histoire des Patriarches
sur la question de l'immortalité ; il nous faut donc,
en considérant les quatre cent trente années de séjour du peuple israélite en Égypte, examiner les
opinions des anciens Égyptiens sur l'âme et l'immortalité.

Les anciens Égyptiens laissaient bien vaincre le
bon principe, Osiris, par le mauvais, Typhon (Baal
Zephon), et la mort triompher de la vie ; néanmoins,
l'idée de l'immortalité domine tout le système religieux des Égyptiens, et Osiris, tué par Typhon, devient, après sa mort, le maître de l'empire des
morts. Les Égyptiens, dit Diodore (I, 51), regardent
la durée de cette vie comme fort courte, mais atta-
chent une haute importance au souvenir des vertus
après la mort. Les habitations des vivants leur semblent des auberges, les tombeaux des morts des
demeures éternelles ; de là, le peu de frais qu'ils font
pour les maisons, et leurs dépenses énormes pour
les sépultures, où l'homme est logé pour longtemps,

sous le sceptre d'Osiris et d'Isis, où toute misère
trouve sa fin. Hérodote regarde (II, 123) les Égyptiens comme les premiers qui ont professé la migration de l'âme à travers des corps d'animaux, jusqu'à
ce qu'elle retourne dans un corps d'homme. La
croyance populaire était qu'après la mort l'âme res-
tait enfermée dans le corps, tant que ce corps n'é-
tait pas complétement anéanti; et qu'après cet
anéantissement total, elle passait dans le corps d'un
animal. Mais les prêtres connaissaient le dogme de
l'immortalité de l'âme en tant que palingénésie,
renaissance véritable et personnelle. Selon eux,
l'âme franchissait après la mort les fleuves du monde souterrain, et comparaissait devant le juge des
morts, Osiris. Hégel remarque (2e vol., p. 365) que
ce sont précisément les peuples qui ne croient pas
à l'immortalité qui prennent le moins de soucis du
corps; après la mort, au contraire, ceux qui croient
à l'immortalité, ne veulent pas que la nature puisse
exercer immédiatement sa puissance de destruction
sur les corps que l'âme a abandonnés; ils s'empres-
sent donc de les rendre à la terre, ou de les anéantir
par le feu, ou cherchent, comme les Égyptiens, par
la transformation des cadavres en momies incor-
ruptibles, à les protéger contre toute dégradation.
Ce procédé égyptien de conservation des morts,

remarque encore Hégel, prouve, à ne s'y point mé-
prendre, que l'on savait l'homme au-dessus de l'action de la nature, et que pour cette raison on cherchait
à préserver son corps de cette action, afin de l'y
soustraire également. (*Scherr*, Idées générales, I, 67,
et *Creuzer*, Symbolique, abrégée par Moser.)

Tout à l'opposé des idées panthéistes et dualistes
des peuples que nous venons de nommer, la doctrine
du Pentateuque, prototype du pur mosaïsme, repré-
sente Dieu comme le créateur unique de tout ce qui
existe hors de lui, des êtres spirituels qui habitent
le ciel et qui, ministres de sa volonté, lui servent
de messagers (*Malach*, ange), tout aussi bien que du
monde matériel. Lorsque la terre fut créée, elle
produisit, suivant le récit de la Genèse, au commandement de Dieu, les plantes et les animaux ;
mais Dieu couronna la création en faisant l'homme ;
il s'en occupa lui-même, et lui-même souffla dans
les narines du fils de la terre nouvellement créé un
esprit de vie (*Moïse*, I, 2, 7), ce qui fit de l'homme
un être animé. Moïse fait créer l'homme à l'image
même de Dieu (*Ibid.*, I, 27), et Dieu rend toute la
terre, avec ce qui vit et se meut en elle, sujette de
ce roi de la création. Aussi l'homme, supérieur à
toute la création, est-il représenté comme en rapport immédiat avec Dieu, comme un être en qui

4

Dieu lui-même a infusé la substance spirituelle, qui communique avec Dieu et reçoit ses ordres, à qui les anges sont envoyés à titre de messagers de Dieu, qui, enfin, sur l'échelle des êtres créés, où les anges occupent le degré le plus élevé, prend place à côté d'eux.

Le récit mosaïque de la création est une protestation contre tout polythéisme, et il se donne pour tel. On n'y voit point des dieux inférieurs émaner de l'Être suprême, mais Dieu créer des êtres intelligents, célestes, des anges à son service, puis des êtres terrestres animés par lui, des hommes : ce n'est pas d'un mauvais Principe, d'un Moisasur, d'un Ahriman, d'un Typhon, que naît le mal moral parmi les hommes ; mais le premier couple humain est séduit par un serpent, un être matériel qui habite avec eux le jardin d'Éden, et l'homme pèche par une tendance au péché qui lui est inhérente. Ahriman et ses démons n'y attaquent pas le ciel d'Ormuzd, mais des hommes bâtissent une tour dont le sommet doit atteindre le ciel. Ainsi encore, d'Apollon, musicien et berger chez le roi Admète, la Bible fait un homme, Jabal, et un autre homme, Jubal ; du forgeron Vulcain, un homme, Tubal-Caïn ; de la déesse de la beauté, une femme terrestre, Naama.

Si nous voyons les dieux et les héros du monde

ancien revêtus d'une forme humaine dans le primitif récit de Moïse, nous le voyons aussi élever
l'homme nouvellement créé au rang d'être semblable à Dieu, devenant sur la terre même, grâce
au souffle divin, un être spirituel, de même origine
que les anges. L'homme qui apparaît dans le récit
de Moïse comme le plus élevé des êtres terrestres,
est en étroites relations avec Dieu; Dieu lui parle,
se révèle à lui, lui manifeste sa volonté, lui communique ses prescriptions, qu'il le récompensera ou
le châtiera d'avoir observées ou transgressées;
l'homme, en tant qu'être spirituel sur la terre, est
semblable aux êtres spirituels du ciel; il est, par la
meilleure partie de lui-même, ce qu'ils sont; esprit, il communique avec eux, lutte contre eux, et
même en triomphe. (*Moïse*, I, 32.)

Ainsi, l'élément spirituel de l'homme, ce qu'il y
a d'angélique dans sa nature, se manifeste à l'au-
rore même de sa vie terrestre, et ce que nous appelons l'immortalité de l'âme, c'est-à-dire une vie
tout autre et purement spirituelle comme nous nous
la représentons ici-bas, se trouve, si l'on se place
bien au point de vue mosaïque, *déjà en cours*
d'accomplissement dans cette vie même : ici-bas,
l'homme est déjà un esprit, il est déjà en communication immédiate et continuelle avec Dieu; situa-

tion qui, après qu'il a quitté la terre, ne fait que se continuer dans le ciel.

C'est dans ce sens que Moïse qualifie le peuple israélite de fils de Dieu, peuple saint, royaume de prêtres ; c'est dans ce sens que les livres de Moïse nous parlent d'un homme pieux, Chanoch, qui, sans avoir préalablement subi de mort terrestre, fut admis vivant en présence de Dieu (*Moïse*, I, 5, 24) ; et dans ce sens aussi que le deuxième *Livre des Rois* nous raconte (chap. II) la même chose du prophète Élie, que Dieu fit monter au ciel dans un tourbillon ; tandis qu'au contraire, le plus simple raisonnement le prouve, tous les autres hommes ont à subir l'épreuve de la mort avant d'entrer dans le ciel et d'approcher de Dieu ; encore n'y peuvent-ils marcher qu'à travers les ténèbres du monde inférieur, et après y avoir longtemps séjourné.

Veut-on une autre preuve de ce que la masse du peuple israélite connaissait la doctrine de l'immortalité et y croyait fermement? On la trouvera dans cette croyance généralement répandue, dont témoignent et le Pentateuque et le reste des livres saints, que l'on peut, par des artifices de nécromancie, évoquer les morts du tombeau. Moïse défend à son peuple de s'adresser aux nécromanciens (*Moïse*, III, 19, 31), et menace de la colère divine quiconque

l'osera faire (*Ibid.*, 20, 8). Saül interroge une ma-
gicienne, et elle évoque pour lui, du monde inférieur, l'ombre du prophète Samuel (*Samuel*, I, 28).
Du roi Manassé, on raconte (*Rois*, II, 21, 6; *Chroniques*, II, 33, 6) qu'il avait institué des nécromanciens (à l'usage du peuple), et Isaïe exhorte le
peuple à résister à son coupable penchant pour la
nécromancie (chap. VIII, 19). Que les nécromanciens, que la pythonisse d'Endor n'aient été que
des jongleurs, peu importe; leurs pratiques suffi-
sent à prouver que le peuple croyait à l'évocation
des morts, et, par conséquent, à la persistance de
l'existence humaine après la mort terrestre.

Mais l'idée qu'on se faisait en Israël de la nature
même de cette immortalité était fort défectueuse.
Le lieu de résidence assigné à l'âme, immédiatement après sa séparation d'avec le corps, était le
sombre et ténébreux monde souterrain, le *scheol*,
le royaume des ombres, plein de confusion et d'horreur. Les âmes y survivaient bien avec leur personnalité propre, mais on se les représentait, comme
faisaient les Grecs et les peuples scandinaves, sous
forme d'êtres aériens et subtils, *manes, simulacra*,
comme les fantômes d'Homère et d'Ossian. C'est là
un point qui mérite d'être traité avec quelque
détail.

4.

Le lieu de résidence assigné aux âmes, dès qu'elles sont séparées du corps, est désigné en général chez les israélites par le mot *scheol* : schcol שאול, de même racine que schengol, שעל, signifie *caverne*, mais il a aussi le sens de *désirer, regretter, demander, réclamer, prier*; c'est donc le *lieu du désir*, du regret et de l'attente. Le scheol serait, comme le Ἀδης des Grecs, un lieu de passage pour les âmes, où elles iraient immédiatement après la mort attendre leur destination ultérieure. S'il est permis de risquer cette comparaison, elles y attendaient ce jugement des morts que nous trouvons admis chez d'autres peuples primitifs, les Égyptiens en particulier; avec cette différence, toutefois, que chez les israélites, c'est Dieu lui-même qui semble occuper les fonctions de juge des morts. Dieu est, en effet, souvent représenté dans l'Écriture sainte avec des attributs de juge. Ce séjour, commun à toutes les âmes qui arrivent dans l'empire des morts, est aussi appelé *Abadon*, ou *Abeda* (abîme; voy. Psaumes LXXXVIII, 12; proverbes XXVIII, 20), *Douma*, qui signifie royaume du silence, mais aussi de l'attente et de la confiance (Psaumes LXLIV, 7), et *Erez Neschia*, pays de l'oubli (*Ibid.*, LXXXVIII, 13), le *Léthé* des Grecs.

Pour arriver à l'empire des morts, on traverse, comme chez les Égyptiens, les Perses et les Grecs, des fleuves infernaux (Nachle B'liaal), des eaux qu'on ne repasse plus, qui ne permettent plus de remonter à la lumière (Psaumes XVIII, 5) ; on passe aussi par une *porte de l'enfer* (Isaïe, XVIII, 10), appelée également *bouches, gouffre de l'enfer* « c'est pourquoi le « scheol s'étend au loin et ouvre une bouche sans « fin. » (*Ibid.*, V, 4) Il semble aussi qu'on admettait dans le scheol des lieux plus reculés, des profondeurs extrêmes qui semblaient destinées aux âmes chargées de péchés ; de là ces appellations : les *profondeurs du scheol* (Proverbes IX, 18), le dernier scheol (5e *livre de Moïse*, XXXII, 22), et le pays le plus bas (*Ezéchiel*, XXXI, 16). Il est fait mention aussi de chambres ou réduits des morts (Proverbes VII, 27). On se représentait l'empire des morts comme un lieu sombre et obscur qui se trouve à une profonde distance au-dessous de la terre et à l'antipode du ciel (*Job*, XI, 8). « Il y a un « sombre séjour des morts, la ténébreuse région « des ombres, confuse, et où la lumière ressemble à « l'obscurité. » (*Ibid.*, V, 21, 22.)

Dans ce vaste (*Habacuc*, II, V), profond, insatiable (Proverbes XXVII, 20) et inflexible (*Ecclésiaste*, VIII, 7) scheol, lieu de réunion de tous les vivants, comme dit Job, en parlant du royaume des morts (XXX, 23), arrivent toutes les âmes sans distinction. « Car je

« descendrai tristement, dit Jacob, vers mon fils
« dans le scheol. » (*Moïse*, Ier livre XXXVII, 36.)
« Ne le laisse pas, dit David à Joab, en parlant de
« son fils, descendre en paix dans le scheol (*Rois*, I,
« 11, 6).» C'est dans le scheol que la colère de Dieu
précipite vivants Coré et ses partisans, comme il fait
monter vivants aussi des hommes pieux au ciel.

Les âmes des trépassés dans le scheol, on se les
représentait comme des êtres sans force, épuisés (*Re-*
phaïm), qui y vivent en familles et en groupes. « Tu
« iras en paix rejoindre tes parents, dit Dieu à Abra-
« ham (*Moïse*, I, XV, 15). Tu seras réuni à ton peu-
« ple.» (*Moïse*, IV, XXVII, 13.) Être réuni à son peuple, est dans la Bible l'expression stéréotypée pour
mourir. « J'irai à lui, dit David après la mort de son
« enfant, mais il ne reviendra plus vers moi. » (*Sa-*
« *muel*, II, XII,13.) « Là, dans le royaume des om-
« bres, règne une égalité absolue ; là, toute passion
« est calmée, dit Job, puissé-je y être maintenant et
« y reposer, y dormir, et je serai content ; là, où
« reposent les rois, et les conseillers, et les princes
« qui possédaient l'or ; là, où les malfaiteurs sont
« désarmés, où ceux qui étaient épuisés de fatigue
« se reposent, où les captifs sont délivrés et n'en-
« tendent plus la voix du geôlier ; petits et grands
« sont là, et le serviteur y est affranchi de son

« maître. » (*Job*, III, 13 et suiv.) La poétique description des habitants du scheol dans Isaïe, est
pleine d'expression et de force, et nous y trouvons
la preuve que l'on ne considérait pas les âmes séparées du corps comme dénuées de tout sentiment. Isaïe annonce la ruine et la mort du roi de
Babylone, et continue ainsi en l'apostrophant : « Le
« scheol frémit d'impatience à ton approche ; il ré-
« veille à cause de toi les ombres, tous les puis-
« sants de la terre ; il arrache de leurs trônes tous
« les rois des peuples. Tous se lèvent et te crient :
« Tu as donc aussi succombé comme nous ! Te
« voilà devenu notre égal. Il a été précipité dans le
« scheol ton orgueil, le bruit de tes harpes s'est
« éteint, ton lit de repos n'est plus que de la ver-
« mine, ta couverture, ce sont des vers ! » (*Isaïe*,
« XIV, 9 et suiv.)

Au point de vue que nous venons d'indiquer, en
considérant le *scheol* comme un séjour transitoire
pour les âmes, lorsqu'une portion de l'existence
humaine, celle qui s'écoule sur la terre, est achevée,
et qu'il n'a pas encore été statué sur la destination
ultérieure des âmes, il nous sera facile de comprendre comment le scheol pouvait être regardé
comme le lieu de réunion de toutes les âmes indis-
tinctement, pieuses aussi bien qu'impies, des pro-

phètes aussi bien que des pervers. Ainsi, Samuel annonce à Saül qu'il le rejoindra, lui Saül, le lendemain avec ses fils ; c'est là ce qui explique aussi cette idée de la Bible que, dans le scheol, toute sagesse, toute pratique de la vertu, toute élévation vers Dieu cesse, que même la Providence divine ne s'occupe pas des habitants du scheol : « Car, dans la « mort on ne pense pas à toi (Dieu), dans le scheol « qui pense à toi (Psaumes VI, 6)?... Je suis étendu « parmi les morts... qui reposent dans le tombeau, « auxquels tu ne penses plus, qui sont soustraits à « ta main (*Ibid.*, LXXXVIII, 6). Feras-tu des mira- « cles pour les morts? les trépassés peuvent-ils « renaître à la vie? Parle-t-on de ton amour dans « le scheol, de ta fidélité dans l'*Abadon* (*Ibid.*, V, 12)... « Ils ne louent pas Dieu, les morts, ceux qui sont « descendus dans le *Douma* (*Ibid.*, XV, 7), car le « scheol ne pense pas à toi ; la mort ne te loue pas « (*Isaïe;* XXXVIII, 18), car il n'y a pas d'activité et de « sensibilité, de connaissance et de sagesse dans le « scheol où tu vas (*Ecclésiaste*, IX, 10). Doctrine qui s'était si fort enracinée dans la nation, que nous en retrouvons les traces bien des siècles après, lorsque, nous le prouverons plus tard, l'idée du monde futur avait subi de bien profondes modifications : « Car les « morts, lit-on dans un livre apocryphe, les morts,

« dans le monde souterrain, lorsque l'âme s'est
« séparée du corps, ne proclament pas la louange
« et la justice de Dieu (*Baruch*, II, 7). Les morts ne
« louent pas Dieu, dit encore Sirach (XIV, 25). » Là,
dans le scheol, les âmes ont terminé une période
de leur existence; la pratique de la vertu subit un
temps d'arrêt; les fautes commises sur la terre ne
peuvent provisoirement plus se réparer, la vie coupable est devenue une chose accomplie; c'est un tout
mis en réserve et auquel on ne peut plus rien changer;
pure ou coupable, il faut que l'âme reste là comme
elle a vécu jusqu'au scheol, et vraisemblablement
jusqu'au moment où elle comparaîtra devant le
Grand Juge pour apprendre sa destination ultérieure, pour attendre le réveil, la résurrection
universelle des morts, si toutefois on peut faire
remonter jusqu'à cette époque la doctrine de la
résurrection qui s'accrédita dans des siècles postérieurs; c'est là une question que nous aurons
occasion d'examiner plus tard.

Sans attacher autant d'importance que les Égyptiens au culte des morts, les patriarches et le peuple
juif s'en préoccupaient à juste titre. On qualifiait,
comme chez les Égyptiens, les tombeaux de demeures éternelles; on les installait dans des lieux
spéciaux; on tenait surtout à être enseveli dans la

tombe de ses ancêtres, de ses parents, ou auprès
d'hommes pieux et estimés. Ainsi Abraham acheta
une caverne pour y déposer le corps de sa femme,
et cette caverne devint une sépulture de famille
pour la famille du patriarche. Jacob recommanda
instamment à ses enfants de ne placer son corps
nulle part que là. D'après le vœu exprimé par Joseph, son corps momifié fut emporté d'Égypte et
enseveli à Sichem, dans un champ qui appartenait
à Jacob, son père (*Josué*, XXIV; 32). Le prophète
de Bethel chargea ses enfants de l'ensevelir, après
sa mort, dans la tombe de l'homme de Dieu, de
Juda (*Rois*, I, XIII, 31). Être inhumé dans la sépulture des ancêtres est présenté partout comme une
affaire d'honneur (*Juges*, VIII, 32; *Samuel*, II,
2, 32; XVII, 23; *Rois*, II, XII, 22; XV, 7;
Chroniques, II, XXV, 28, etc.); enfin, Néhémie ne
croit pouvoir mieux exprimer son attachement
pour Jérusalem qu'en l'appelant la ville où se
trouvent les tombeaux de ses ancêtres (*Néhémie*,
II, 3, 5).

Quant au jugement de Dieu sur les actions des
hommes et aux punitions infligées dans la vie future, nous ne trouvons que peu de renseignements
à cet égard dans les parties les plus anciennes de
l'Écriture sainte; on pourrait y rapporter ce qui est

dit dans un passage, d'ailleurs fort obscur (*Moïse*, I,
IX, 4, etc.), touchant la punition divine du suicide.

Après avoir permis à Noé l'usage de la viande (ce
qui, soit dit en passant, rappelle l'origine indienne)
et lui avoir seulement interdit le sang des animaux,
Dieu continua ainsi (nous traduisons aussi fidèlement que possible): « Mais le sang de votre personne propre (il s'agit sans doute du suicide), je
vous le redemanderai; de la main de tout être vivant (il s'agit de l'âme) je le redemanderai; de la
main de l'homme, de la main d'un homme et d'un
autre (sans doute l'assassinat) je redemanderai la
vie de l'homme; celui qui versera le sang d'un
homme, son sang sera versé par l'homme. » Quoique cette explication soit problématique, on ne peut
prouver qu'elle soit inexacte. On peut citer encore
le vœu qu'exprime Bileam de mourir de la mort
des justes et d'avoir une fin semblable à la leur.

D'un autre côté, nous trouvons dans les livres
bibliques postérieurs, composés à l'époque de la
captivité de Babylone, et peut-être plus tard encore,
des idées nettement caractérisées de châtiments infernaux, de béatitude céleste et de résurrection des
morts, avec cette différence seulement qu'elles
n'admettaient pas, comme chez les Perses, qu'à

5

l'époque de la résurrection tous les hommes retour-
nassent immédiatement au bien, mais qu'ils devaient d'abord subir un jugement. On voit, d'après
le contenu des derniers chapitres d'Isaïe, qu'une
grande partie de ce livre a été composée avant le
retour de Babylone ; c'est ce qu'accusent suffisamment la désignation explicite du nom de Cyrus, les
consolations aux affligés de la ruine de Sion, etc.
Il y a dans ces derniers chapitres d'Isaïe de nombreuses traces des croyances religieuses persanes ;
il appelle Dieu le créateur de la lumière et des ténèbres, du bien et du mal (chap. XLV, 7); précé-
demment il avait fait mention de l'*Albordxh*, le
séjour d'Ormuzd (XIV, 13, voyez la dissertation de
Gesenius, dans son *Commentaire sur Isaïe*). Isaïe ,
parlant au peuple du sort des impies, s'exprime
ainsi : « Ils sortiront et contempleront les cadavres
« des hommes qui se sont révoltés contre moi ; car
« leurs vers ne périront pas, leur flamme ne s'éteindra
« pas, et ils resteront comme un objet d'horreur pour
« toute chair. » (LXVI, 24.) Le prophète Zacharie, qui
vivait dans le même temps, fait parler ainsi, dans une
vision où il se trouve au milieu des anges, un de ces
anges au prêtre Josué : « Ainsi parle le Seigneur Dieu :
« Toi, qui marches dans mes voies et qui es fidèle à
« mes prescriptions, tu jugeras ma maison, tu

« garderas le vestibule de ma demeure, et je te donne
« accès auprès de ceux-ci (les anges) qui sont à
« mon service. » (*Zacharie*, III, 7.)

Enfin Daniel fait parler ainsi l'ange qui lui découvre l'avenir : « A cette époque sera sauvé ton
« peuple, quiconque est inscrit dans le livre. Et
« beaucoup de ceux qui dorment là dans la pous-
« sière de la terre se réveilleront, les uns pour la
« vie éternelle, les autres pour un déshonneur et
« un opprobre éternels. Les penseurs brilleront
« de l'éclat du ciel, et ceux qui auront fait beaucoup
« pour la justice brilleront comme les étoiles éter-
« nellement, à jamais. » (*Daniel*, XII, 13.)

Le livre appelé l'*Ecclésiaste* appartient à une
époque encore postérieure, c'est-à-dire à l'époque
qui a suivi le second temple, comme l'a prouvé une
judicieuse et pénétrante critique (Voy. Krochmal,
dans le *Kerem Chemed*) (2). Dans ce livre, un nouveau phénomène se présente : l'immortalité de
l'âme et le jugement futur de Dieu sont l'objet d'une
démonstration rationnelle, et l'auteur les présente
comme des conclusions tirées de l'étude du monde
moral. En d'autres termes, l'Ecclésiaste cherche à
établir et à fortifier par la spéculation une croyance
déjà populaire.

L'Ecclésiaste recherche comment l'homme peut

satisfaire le besoin qu'il éprouve à un si haut degré
d'établir une harmonie durable entre ses facultés
intimes ; il se demande comment l'esprit tourmenté
par la pensée, et le cœur agité de sentiments et de
desirs si variés, peuvent être mis à l'unisson, de
telle sorte que l'homme, tout en marchant vers
ses hautes destinées, trouve en lui satisfaction,
tranquillité, sérénité de l'esprit et du cœur. Résoudre un tel problème ici-bas, atteindre à ce faîte
de béatitude, c'est ce que l'Ecclésiaste regarde
comme impossible à l'homme ; car les jouissances
sensuelles n'ont qu'un temps, elles sont vaines,
elles sont indignes des efforts de l'homme ; d'ailleurs, pour jouir absolument des biens terrestres, il
faut un certain degré de licence ; et l'homme, borné
partout dans sa liberté, ne peut, même dans cette
sphère, obtenir tout ce qu'il souhaite. D'un autre
côté, la pratique de la vertu ne suffit pas à elle seule,
selon l'Ecclésiaste, à réaliser cette harmonie intérieure tant désirée ; car l'homme vertueux partage
souvent le sort du fou, du criminel, et même de la
brute. Quel est donc alors le privilége de la sagesse
et de la vertu ? L'homme a beau s'efforcer de satisfaire de la manière la plus raisonnable aux doubles
exigences de son esprit et de son corps, il n'arrive
presque jamais au but ; car, s'il lui est fort difficile

de maîtriser ces deux agents pris séparément, la
tâche est bien plus pénible encore en présence de la
lutte qui s'engage entre eux.

Mais ce qui émeut le plus douloureusement l'Ecclésiaste, c'est le triomphe éclatant et la domination presque universelle de l'injustice ; le mal dans
l'homme, la profanation fréquente des choses les
plus saintes, révoltent ses sentiments moraux comme
ceux de tous les honnêtes gens. Si Dieu a mis l'hon-
nêteté dans le cœur de l'homme, s'il a gravé en
traits de flamme la loi morale dans son cœur, l'essence même de son être, pourquoi l'homme ne doit-
il pas voir le bien réalisé, pourquoi ne voudrait-il
pas goûter les fruits de la vertu? Et pourtant, les
résultats sont le plus souvent opposés à ce qu'il est
en droit d'attendre. L'impie semble heureux tout en
conspuant la justice et la divinité, tandis que
l'homme vertueux soupire impuissant, ne trouve
aucune satisfaction à ses aspirations vers un meil-
leur état de choses, ou même devient victime de sa
propre vertu.

Aussi l'Ecclésiaste dit-il : « Voilà ce que j'ai vu
« sous le soleil : là où la justice devrait régner, il
« n'y a que méchanceté ; là où j'attendais la vertu, je
« n'ai trouvé que malice ; et alors, j'ai dit en mon
« cœur : Dieu jugera le juste comme le méchant, car

5.

« le moment décisif pour tout acte et pour toute ten-
« tative arrive *là-bas*.» (*Ecclés.* III, 16, 17.) Que là-bas,
au delà du tombeau, de telles contradictions doivent
être résolues, qu'on ne puisse trouver que là-bas
les récompenses de la vertu, que le juste ne puisse
arriver que là-bas au juste équilibre, à l'harmonie
durable de ses facultés, conditions du vrai bonheur,
ce sont là pour l'Ecclésiaste autant de certitudes, et
il termine en ces termes : « Sache avant tout que
« Dieu t'attend à son tribunal ; la poussière retourne
« à la terre d'où elle est sortie, mais l'esprit re-
« tourne à Dieu qui l'a donné. » La conclusion définitive est : « Crains Dieu et observe ses prescrip-
« tions ; c'est là le devoir de tous les hommes ; car
« Dieu traduira devant son tribunal toute œuvre
« bonne ou mauvaise, fût-ce la plus cachée. »

CHAPITRE II.

L'IMMORTALITÉ DE L'AME DANS L'ÉPOQUE POST-BIBLIQUE.

Après la captivité de Babylone, l'immortalité de
l'âme entre chez les Israélites dans une phase nouvelle. L'horizon s'éclaircit, le scheol se métamor-

phosa en un séjour moins repoussant; les sombres nuages qui entouraient ce qui est en deçà du tombeau, percés en quelque sorte par les rayons d'une raison plus exercée, par des idées plus justes sur la destinée et l'avenir de l'homme, commencèrent à se dissiper insensiblement; la réflexion gagna du terrain : les théories philosophiques et les croyances étrangères furent connues et s'introduisirent dans le système religieux des israélites. On tira certaines conclusions des incidents de l'histoire nationale elle-même; nous rencontrons alors, avec une vue plus claire de la nature de l'immortalité après la mort, la croyance à un Messie futur, libérateur du peuple, restaurateur du royaume juif, enfin, la doctrine pour la première fois énoncée de la résurrection des morts.

Dans cette période, on ne pensait plus seulement à l'immortalité de l'âme; on s'occupait aussi des recherches qui ont trait à son origine. Il semblait indubitable aux Israélites que le Dieu juste, exigeant de l'homme l'observation des lois qu'il lui a révélées, doit aussi le récompenser quand il les a observées, et punir l'impie qui, bravant Dieu, se raillant des prescriptions divines, ne pratique que la violence et l'injustice. On savait aussi que la chute et la ruine du royaume juif avaient été amenées par les crimes de la nation, et il semblait que par un retour de

repentir vers Dieu, par un attachement qui ne se
démentirait plus, par l'accomplissement de ses
préceptes, la blessure serait cicatrisée et l'étoile de
la nation brillerait d'un nouvel éclat. Pour réaliser
ces espérances, on sentait qu'un homme devait
apparaître, doué de force, animé « de l'esprit de
Dieu, de l'esprit de sagesse et de raison, de pru-
dence et d'héroïsme, un oint du Seigneur » (un
Messie), qui relevât l'empire déchu, répandît un bien-
être, une prospérité universelle, et rendît au peuple
israélite sa splendeur première. Il ne pouvait man-
quer d'apparaître, si les conditions nécessaires
étaient remplies; car Moïse et les prophètes pro-
mettaient que Dieu aurait bientôt pitié du peuple,
lorsqu'il reviendrait à lui repentant. Cette idée consolait le peuple dans ses souffrances, et lui faisait
prendre ses malheurs en patience. Le bonheur
perdu, le bonheur dont il était depuis longtemps
privé, brillait pour lui dans le lointain, et l'avenir
consolait du présent.

Mais que devait-il advenir alors de ceux qui seraient
morts avant l'époque messianique? de ceux qui
auraient péri dans les supplices? de ceux qui
auraient supporté pieusement les souffrances, l'esclavage, la misère? de tous ceux qui auraient souf-
fert innocemment l'oppression et l'exil, la honte et

la torture, et qui, gémissant de leur sort et de celui
de leur pays, auraient trouvé la mort dans un pays
lointain. — Ceux-là ne devaient pas être frustrés
non plus de la récompense qu'ils avaient méritée.
Dieu qui « tue et vivifie, qui précipite dans le scheol
et qui en fait revenir (*Samuel*, I, 11, 6), fera un jour
ressusciter les morts, réveillera et ranimera la poussière, la rappellera de la nuit du tombeau à la vie
é'ernelle, récompensera et punira les ressuscités
selon leurs mérites.

La doctrine de la résurrection était universellement répandue à Babylone, et si nous ne pouvons
affirmer d'une manière absolue qu'elle en soit originaire, elle s'y fortifia et s'y généralisa tout au moins
parmi les Juifs, grâce à des influences extérieures
auxquelles le peuple était d'autant plus accessible,
que, nous le verrons bientôt, le germe en existait déjà
dans les croyances populaires. Une doctrine exotique
ne pouvait trouver une faveur aussi générale, que
parce que le germe en préexistait dans le peuple et
que les idées nouvelles se rattachaient facilement
aux anciennes. Mais ce qui distingue le peuple
israélite, c'est qu'il ne démentit jamais complète-
ment les traits originaux et caractéristiques de sa
religion, alors même qu'il accueillit, comme on l'a
fait ailleurs, des éléments étrangers dans son

sein ; mais il les fondit habilement les uns dans les
autres, et en forma, comme par un procédé chimique, un produit neuf et parfaitement homogène.
Il ne faut pas perdre de vue que les mages, les sec-
tateurs de Zoroastre, croyaient à une résurrection
universelle des morts (*Diog. Laerce,* préambule 9).
La mort était pour eux une interruption de la vie,
et la résurrection en était la continuation. Elle devait
précéder le renouvellement et la transformation de
la terre, et la terre rajeunie doit reproduire toutes
choses dans leurs formes premières avec leurs noms
primitifs, comme à l'origine du monde (*Kleuker,
Zeudavesta,* 351). La croyance israélite à la résurrection trouva un riche aliment dans la doctrine de
Zoroastre ; aussi poussa-t-elle de si fortes racines,
que rien dans les siècles suivants ne fut plus capable
de l'ébranler.

Déjà le prophète Isaïe avait trouvé dans l'idée de
la résurrection matière à un tableau poétique : la
chute des ennemis d'Israël et leur destruction. « Ce
« sont des cadavres, dit-il en parlant d'eux, qui ne
« reviendront plus à la vie, des ombres qui ne se
« relèveront plus ; mais tes cadavres, ô Israël ! re-
« viendront à la vie ! mes cadavres se relèveront.
« Réveillez-vous et réjouissez-vous, habitants de la
« poussière ! car ta rosée est une rosée lumineuse

« et la terre rend les ombres qu'elle a reçues. »
(*Isaïe*, XXVI, 14, 19.) La date de cette prophétie
est incertaine; il serait peut-être risqué de l'attribuer à la période de la captivité de Babylone. Du
reste, Lowth remarque avec raison (commentaire
sur Isaïe), à propos de ce passage, que la doctrine
de la résurrection devait être alors connue du peuple
et même populaire, puisqu'un tableau qui la présente sous forme allégorique, soit qu'elle n'eût
qu'une valeur poétique, soit qu'on la considérât
comme une prophétie, put être universellement
accepté et compris.

Ezéchiel s'est également servi de cette image pour
exprimer la même pensée (chap. XXXVII). Quant
à Daniel, la résurrection des morts n'est pas chez
lui une image; mais ce prophète annonce en propres
termes, qu'un jour s'ouvrira pour Israël une époque
de prospérité, où l'archange Michel, où « beaucoup
« de ceux qui dorment maintenant dans la pous-
« sière de la terre se réveilleront : ceux-là pour la
« vie éternelle, et ceux-ci pour une honte et un
« opprobre éternels. » (*Daniel*, XII, 12.) Le tableau
prophétique d'Ezéchiel et la déclaration de Daniel,
contemporains l'un et l'autre de la captivité de Babylone, ne laissent aucun doute sur ce point, que la
doctrine de la résurrection ne fût déjà implicitement

cette ferme et universelle croyance que nous trouvons
à l'époque du second temple fixée et perfectionnée.

La doctrine élevée, philosophique d'une immortalité spirituelle de l'âme, de son retour à Dieu, de
sa réunion au principe dont elle est issue, sans
pourtant se confondre et s'identifier absolument
avec lui, et même en conservant sa personnalité, de
l'immortalité qu'enseignaient Phérécyde (*Cicéron*,
Tusculanes, I, 17), Pythagore et Platon, qu'ad-
mirent à toutes les époques les hommes éclairés
du judaïsme, une telle doctrine devait trouver dans
la masse du peuple moins d'accès que l'idée d'une
résurrection des morts, d'une nouvelle réunion des
âmes avec les corps, d'une vie terrestre renouvelée
sur la terre, renouvelée aussi, où régneraient une
paix, un bonheur, une justice éternels. Les intelligences vulgaires ne pouvaient s'élever jusqu'à l'idée
d'une existence purement spirituelle. Le monde ancien, qui ne connaissait guère de la création qu'une
des plus petites planètes, la Terre, y attachait tant
d'importance, ainsi qu'à la vie terrestre, qu'il
pouvait à peine comprendre, et moins encore désirer une vie quelconque hors de ces conditions. Le
comble de la félicité semblait alors la reprise de
possession par les ombres de leurs organes primitifs, de leur corps primitif ; l'idéal, c'était de con-

tinuer sur la terre éternellement belle « la belle
« habitude d'être et d'agir. » Le corps et l'âme n'ont-
ils pas péché ensemble? Le corps n'est-il pas, en sa
qualité d'organe de l'âme, un auxiliaire, passif sans
doute, mais utile, pour la pratique de la vertu?

On sentait bien que le bonheur attaché à la vie
terrestre n'était pas sans nuages, qu'outre les maux
physiques et outre les douleurs et les infirmités
corporelles, le mal moral nous fait souffrir davantage encore; on sentait que le mensonge et la
fraude, l'injustice et la violence nous font passer
plus d'heures poignantes et amères que la terre ne
peut nous offrir de joies. Mais c'est en cela précisément que consiste la supériorité de la vie après
la résurrection. Le corps se retrouvera alors dans
tout l'éclat de sa jeunesse et de sa beauté, jouissant
d'une beatitude idéale; la terre lui versera en abondance ses dons les plus riches; le droit et la justice
y régneront. Ce sera la bienheureuse époque où
la paix sera universelle; le loup demeure avec
l'agneau, la panthère est couchée auprès du jeune
bouc et se laisse conduire par un jeune garçon,
l'enfant à la mamelle joue dans la caverne de la
vipère, et l'enfant sevré étend sa petite main vers
l'antre du basilic.

Les deux théories de l'immortalité que nous ve-

6

nous d'indiquer se firent jour dans cette période, et prirent un grand développement.

Nous verrons, dans l'exposition que nous allons présenter des documents de cette période, qu'on chercha souvent à les unir l'une à l'autre. On admit une béatitude qui se produisait immédiatement après la mort, et grâce à laquelle le sombre scheol se changeait en une éclatante et lumineuse demeure terrestre ou céleste; on admit aussi une résurrection ultérieure et une nouvelle union de l'âme et du corps à la fin des jours. Les pharisiens épousèrent tout d'abord les idées vulgaires, et enseignèrent la résurrection, trouvant d'ailleurs un point d'appui à cette doctrine dans les prophètes, ce qui se conciliait à merveille avec leur respect exclusif pour la tradition. Ils élevèrent cette doctrine au rang de dogme en dehors de toute discussion, comme nous le verrons plus tard en détail. D'autres sectes juives de cette époque inclinèrent davantage vers l'explication spiritualiste de l'immortalité, comme les esséniens, et Philon, qui touche également à l'essénisme.

Quant aux saducéens, ils devaient croire à l'immortalité pure et simple de l'âme, ou s'en tenir aux anciennes et obscures idées du scheol; ils niaient sans doute la résurrection, ou l'origine biblique qu'on voulait lui attribuer; mais on ne saurait inférer de là qu'ils aient repoussé « tout ce qui « fonde et fortifie les espérances de l'homme au « delà du tombeau. »

Quoique Josèphe (*Antiquités*, XVIII, 1, 14) prétende que les saducéens niaient toute immortalité, quoique de la polémique à laquelle il se livre plus loin contre cette secte, il semblerait résulter qu'elle était incrédule sur ce point, la critique a encore le droit de faire la part de l'esprit de parti; il est difficile de croire qu'une secte sortie du judaïsme, attachée au judaïsme par de si fortes racines, ait renoncé à une croyance qui est née avec la nation et qui avait passé dan son sang. La difficulté semble plus facile à résoudre, si l'on admet que cette secte niait seulement la résurrection des corps et ce qu'il y avait de condamnable dans les assertions des pharisiens, opinion que nous verrons plus tard exprimée par le Talmud.

Interrogeons maintenant, pour mieux nous rendre compte des choses, les monuments écrits de cette période.

Dans les apocryphes, c'est l'idée élevée et pure de l'âme qui se fait jour; on y voit déjà poindre la théorie philosophique de la destination future de l'homme, théorie qui considère Dieu comme l'Être moral par excellence, de qui l'homme peut par la

pratique de la vertu et par la recherche de la sagesse,
se rapprocher pour l'éternité.

C'est particulièrement le *Livre de la Sagesse* qui
contient des enseignements de ce genre. L'âme ne
passe pas, comme le disaient dans leur illusion les
matérialistes du temps contre lesquels sa polémique
est dirigée ; au contraire, elle persiste après la mort,
avec la conscience de sa personnalité, elle vit pour
l'éternité et reçoit sa récompense ou sa punition de
Dieu qui juge toutes les âmes... «Les impies disent :
notre vie est courte et misérable ; quand elle est
finie, c'en est fait de l'homme, et nul n'est encore
revenu du monde inférieur. Nous sommes nés du
hasard, et nous y retournons comme si nous n'avions
jamais été. Le souffle de nos narines est une fumée et
notre parole est une étincelle qui part de notre
cœur : qu'elle s'éteigne, et notre corps retombe en
cendres, et notre esprit s'évanouit comme un vent
subtil. Nous voulons donc, aussi longtemps que
cela dure, nous donner du plaisir, nous adonner aux
jouissances sensuelles, frustrer et tourmenter le
juste, qui se vante d'être l'enfant de Dieu et de reconnaître Dieu. C'est ainsi qu'ils pensent, et ils se
trompent, et leur méchanceté les aveugle ; ils ne
connaissent pas la sainteté de Dieu, ils n'ont point
à espérer le lot des justes, la récompense des âmes

saintes; car Dieu a créé l'homme à son image et
comme un être immortel (c'est l'envie et la haine du
démon qui a introduit la mort dans le monde); mais
les âmes des justes sont dans la main de Dieu; les
tourments de la mort ne les atteignent pas et elles
reposent en paix. La joie et le bonheur qu'elles ont
mérité les attendent là-bas; quand bien même nous
les voyons souffrir, leur confiance dans l'immortalité n'en est pas ébranlée. Et alors les méchants se
plaignent en disant : Voyez, ils sont comptés
parmi les enfants de Dieu, et parmi les saints est
leur récompense. » (*Livre de la Sagesse*, chap. II.)
L'auteur conclut en ces termes : Voilà ce que j'ai
pensé et médité dans mon cœur, car c'est dans la
connaissance de la sagesse qu'est l'immortalité. Il
défend la destinée supérieure de l'homme contre les
détracteurs de l'immortalité, car un être doté des attributs divins, la raison et la moralité, reflétant en son
sein le législateur et le juge, devenu ainsi l'image
de l'Être moral le plus élevé, ne saurait être voué à
la destruction; loin de là, l'âme ayant connaissance
et conscience de ses actes doit conserver à tout
jamais la conscience de ses actes; autrement, quelle
serait la valeur de ses sentiments, de ses efforts, de
sa ressemblance avec Dieu? L'incorruptible juge
intérieur fera un jour la somme de toutes les actions

accomplies sur la terre; les bons comme les méchants peuvent donc, grâce à leur conscience, apprécier la valeur de leur propre vie, et ces derniers
se plaindront trop tard de leurs erreurs et de leur
aveuglement.

La peinture que le second livre des *Macchabées* nous
offre de l'avenir réservé à l'homme n'est pas entièrement conforme à la théorie spiritualiste de l'immortalité. Il y est dit expressément : « La toute-puissance de Dieu, qui s'étend sur les vivants et sur les
morts (VI, 26, VII, 14), réveillera les morts pour la
vie éternelle (VI, 9), leur restituera l'usage de leurs
membres (VII, 11), rendra la vie à l'esprit, et ré-
unira de nouveau les familles (VII, 29). L'expression
ressusciter (*in resurrectione suscitare*) est jusqu'à
un certain point équivoque ; faut-il entendre par là
le réveil de l'âme pour une vie meilleure, après une
interruption momentanée de la conscience due à
cet acte de séparation du corps et de l'âme qu'on
appelle la mort, en un mot, ce que Jean-Paul appelle
si magnifiquement le coup de foudre du suprême
réveil? ou-bien signifie-t-elle que Dieu réveillera un
jour tous les trépassés pour une nouvelle vie sur la
terre? C'est une question que les passages suivants
ne sont pas beaucoup plus propres à éclaircir parfaitement.

En racontant que Judas Macchabée ordonna des
prières et institua des sacrifices expiatoires en l'honneur de ses frères morts dans le combat (2, *Macchabées*, XII, 43), l'auteur fait observer que, si Judas
n'eût pas cru à la résurrection des morts, ces prières
et ces sacrifices eussent été superflus, déraisonna-
bles même; mais comme il croyait que ceux qui .
mouraient fidèles à Dieu devaient recevoir un jour
la plus belle récompense de leur piété, c'était une
pieuse et sainte pensée de sa part que de purifier
complétement les morts. Lorsque Razias, raconte
l'auteur dans un autre endroit (XIV, 37 et suiv.), se
livra volontairement à la mort, pour ne point tomber dans les mains de Nicanor, il invoqua le « Maître
de l'esprit et de la vie » pour que l'un et l'autre lui
fussent rendus un jour. Le récit suivant montre également que l'on se représentait les morts comme
conservant leur forme humaine première, leurs oc-
cupations premières, en d'autres termes, comme
poursuivant le cours de leur primitive existence :

Judas Macchabée vit en songe le défunt grand-
prêtre Onias, priant pour Israël les mains levées,
et celui-ci lui remit une épée d'or en lui promettant
la victoire.

Flavius Josèphe marque en quelque sorte la transition de la doctrine grossière de la résurrection à

la doctrine plus pure du gnostique Philon. Nous
apprenons par lui que les esséniens plaçaient, aussi
bien que les pharisiens, la récompense des âmes
pieuses dans des jouissances terrestres, dans des
lieux où régnait une félicité terrestre. Josèphe lui-
même appelle l'âme une portion de la Divinité, et
•parle d'une résurrection future, avec cette différence
qu'il place le séjour des bienheureux dans « la partie la plus sainte du ciel ».

Des pharisiens, Josèphe nous dit : Ils enseignent
qu'il y a dans les âmes un principe immortel ;
qu'une rémunération les attend *sous la terre* après
la mort, telle que leurs actions la méritent ; que les
méchants sont enchaînés dans des liens éternels,
et que les bons, au contraire, peuvent revenir facilement à la vie (*Antiquités*, XVIII, ch. I, 3). Les
esséniens, dit-il dans un autre endroit (*Guerre des
Juifs*, II, XVIII, 11), étaient des hommes résolus,
et ne se laissaient pas facilement abattre par la
douleur physique, quelle qu'elle fût. Ils se riaient
de la souffrance, se raillaient de leurs bourreaux,
et livraient volontiers leur vie, convaincus de la
retrouver un jour.

Ils regardaient le corps comme mortel et la matière comme périssable ; mais les âmes leur semblaient formées de l'éther le plus pur, immortel et

impérissable, d'ailleurs attachées au corps par un
attrait irrésistible ; quand elles peuvent s'affranchir
de ces liens, briser leurs chaînes si longtemps por-
tées, elles s'élancent, joyeuses de leur liberté, dans
la région aérienne. Les âmes des bons résident
dans des régions situées de l'autre côté de l'Océan,
où il n'y a ni pluie, ni neige, ni chaleur caniculaire,
mais des vents doux et tièdes. Les impies, au contraire, sont exilés dans des lieux sombres, orageux,
qui retentissent du bruit d'éternnelles punitions.

L'opinion personnelle de Josèphe se manifeste
spécialement dans le discours qu'il adresse à ses
soldats, et où, flétrissant le suicide, il les exhorte à
se rendre aux Romains (*Ibid.*, VIII, 5). « Nos corps,
dit-il, sont mortels ; la matière dont ils se composent
est périssable. Notre âme, au contraire, est éternelle, créée pour l'immortalité ; portion de la Divinité, elle n'habite le corps que comme une maison
de passage. Comment l'homme pourait-il de son
autorité privée chasser de son corps le principe
qu'y a déposé la Divinité ? Une récompense éternelle
attend ceux qui se séparent du corps, conformément
à la loi de la nature, purs et persévérant dans l'o-
béissance. L'espace le plus sacré du ciel est leur
partage, et après la révolution des Æons, ils habi-
teront de nouveau des corps sacrés ; mais les âmes

de ceux qui se portent à des excès contre eux-mêmes vont dans la plus sombre partie de l'enfer, etDieu punitleurs crimes jusque sur leurs enfants. »

D'après Philon, la substance de la partie matérielle ou mortelle de l'âme est le sang (*De Somniis*, 570), qu'il croit, comme les esséniens, composé d'air et de feu (l'eau est d'après lui la matière première de toutes choses, *Vie de Moïse*, I, 9). Mais il reconnaît dans l'homme un principe beaucoup plus élevé, le *nous* intelligent (I, 42). Il donne à cet élément de l'intelligence spirituelle le nom de *esprit divin*, portion de l'Être divin (*De Somn.*, 578 ; *De Alleg.*, III, 90). C'est avec Philon que la doctrine de la préexistence des âmes et celle de la métempsycose s'introduisent décidément dans le judaïsme : nous retrouverons plus tard la première devenue populaire. Une théorie remarquable et qui lui est particulière, c'est son identification des âmes préexistantes avec les anges ou génies... L'espace entre la terre et le monde est rempli d'air, et c'est là que réside chaque âme, avant d'être enfermée dans un corps(*De Somn.*, V, 62). Philon a exposé ainsi cette idée platonico-pythagoricienne (*De Gigant.*, II, 562; *De Confus. ling.*, 348): les régions supérieures de l'air sont le séjour des esprits. Quelques-uns d'entre eux aspirent, soit par ennui, soit par curiosité, à s'unir

avec des corps mortels; peut-être aussi est-ce l'attrait de la matière qui agit trop puissamment sur
eux. Lorsque la vie terrestre est arrivée à son terme,
ils tendent à quitter leur prison et à reprendre leur
vol vers les régions qu'ils habitaient jadis; plusieurs, néanmoins, se sentent attirés de nouveau par
la matière, et contractent avec elle de nouvelles
unions (métempsycoses). D'autres, ne pouvant supporter les chaînes du corps, s'envolent de leurs
ailes légères vers le sommet des régions éthérées;
d'autres, enfin, ne sentent jamais de penchant pour
la matière; ce sont là les âmes pures et immaculées,
capables de hautes et divines pensées, servantes du
Tout-Puissant, dans la contemplation duquel elles
se sentent heureuses; les philosophes leur donnent
le nom de *génies*.

Enfin, nous retrouvons chez Philon cette théorie
que nous avons déjà signalée comme étant l'idée
mosaïque pure, à savoir que l'homme vertueux,
parfait, sage, peut dès la vie terrestre se spiritualiser
en se rapprochant de Dieu; nous rencontrerons la
même idée plus tard chez les aristotéliciens juifs
sous forme d'union de l'âme avec l'intelligence active.

Comme conclusion à cette partie de notre travail,
nous réunissons, d'après Flugge (*Histoire de la*

croyance à l'immortalité de l'âme, ctc., I. 248), les passages de Philon qui ont trait à l'objet de ces recherches :

Il y a, dès cette vie, une véritable élévation de l'homme à Dieu, une intuition possible de la divinité (*de Mundi Opif.*, II; *de Alleg.*, 50, 70). Celui qui est arrivé là, qui, par la pratique de la vertu et les purifications (ce que les esséniens appelaient *Tahara*, etc.) de toute espèce, s'est élevé à de telles intuitions de la Divinité, celui-là seul mérite le nom d'ascète (*de Prœm. et Pœnâ*, 708). Nous dérivons nous-mêmes de la source de tout bien; mais, au bien que la Divinité a mis en nous s'est joint aussi le mal, et l'homme est devenu ainsi un être de nature mixte, car le *nous* était pur et bon avant son union avec le corps (*de Alleg.*, 708). De même aussi la sensibilité est de nature mixte, bonne sous l'influence du bien, mauvaise sous l'influence du mal. Mais les passions et les instincts sont foncièrement mauvais, et constituent la partie déraisonnable de l'âme (*Ibid.*, 71, 73, 80). Le corps ressemble donc à une prison de l'âme, gardée par les désirs et les instincts (*de Migr. Abrah.*, 389). On peut aussi le regarder comme le tombeau ou le linceul de l'âme (390). Tout cela, néanmoins, n'entrave pas la liberté de l'âme. Il dépend de son libre arbitre de faire le bien ou le mal (*Quod Deus sit immut.*, 300), bien qu'elle se laisse entraîner souvent par les passions.

L'état primitif de l'humanité n'était pas celui-là : l'homme se laissait alors diriger davantage par le bon principe, et le plaisir, source de toutes ses fautes, ne lui avait pas encore imposé son joug (*de Opif.*, M. 30). Mais qui peut se vanter d'être irréprochable? Le fardeau du péché pèse sur tous les hommes : celui-là seul en est exempt; dans l'âme duquel se sont installées des puissances divines (*de Cherub.*, 97) qui, par leur commerce assidu, le conduisent à la vertu et le forment à la sagesse (*de Abr.*, 149). Mais l'homme qui est assez insensé pour mépriser ces puissances divines, qui ne peut jamais s'arracher au péché, qui laisse de gaieté de cœur passer le temps de s'amender, celui-là ne saurait se flatter d'être aimé de Dieu et de s'en rapprocher progressivement; il sera précipité, non dans le fabuleux enfer, mais dans le séjour des méchants où les impies souffrent des maux sans fin (*de Congress. quær. sap.*, 432). La mort ou la séparation du corps est un fait à peu près indifférent, mais l'autre mort, la mort dans le péché, est le plus grand malheur, et rien n'y est comparable. Car qu'y a-t-il de plus terrible qu'un perpétuel effroi (*de Præm, et*

7

Pœna, 921)? Au contraire, la récompense que Dieu accorde aux justes, c'est, dans leur vieillesse, une vie solitaire et vouée à la contemplation, et, lorsqu'ils sont arrivés au but suprême de la vie et à la vraie sagesse, des joies durables, une parfaite béatitude, et la *visite de leurs âmes*, qui lui sont de vrais temples (*de his verbis,* 282 ; *de Somniis,* 587). *La visite des âmes,* c'est-à-dire la communication du Saint-Esprit, *Ruach Hakodesch,* comme conséquence des purifications et de la vie contemplative, est une croyance essénienne. (Comparez les passages du Talmud, *Aboda Sara,* 20, cités plus bas.)

CHAPITRE III.

L'IMMORTALITÉ DE L'AME PENDANT LA PÉRIODE TALMUDIQUE.

Avant d'aborder la période de l'histoire juive, qui va du dernier siècle avant la destruction de l'empire juif par les Romains jusqu'au cinquième siècle de l'ère chrétienne, nous devons jeter un coup d'œil sur l'ensemble de notre sujet, et nous pouvons le déterminer avec précision.

Le pharisaïsme s'était fortifié insensiblement; il continuait avec un remarquable esprit de suite, avec une rigoureuse opiniâtreté, l'édifice religieux qu'il voulait élever. Les rabbins, représentants de l'enseignement traditionnel, dressaient pour toutes les applications de l'activité humaine, pour la pensée comme pour la pratique, des règles solides au maintien desquelles ils veillaient soigneusement. Ces règles, et toutes les considérations qu'émettaient les docteurs sur la vie et le monde, devenaient le bien commun de la nation et trouvaient un universel écho. La foi était universelle, ainsi que l'observation des pratiques. D'ailleurs, tout ce qui peut alimenter la réflexion de l'homme, tout ce qui a trait à l'exercice de sa volonté, était l'objet de leurs investigations et de leurs enseignements. Nul objet intéressant pour l'homme ne restant donc étranger à leurs spéculations, ce qu'il y a d'élevé de saint dans l'homme, ce qui constitue sa nature spirituelle, devait exciter à juste titre leur curiosité. Et en effet, ils appliquèrent les ressources si abondantes de leur raison et de leur imagination, et les ressources non moins précieuses que leur offrait l'introduction des idées et des croyances extérieures, à répandre la plus vive lumière sur l'essence et la destinée de l'âme, et à démontrer que les résultats obtenus par eux se trouvaient contenus dans l'Écriture sainte, en dépit de l'ambiguité fréquente de son langage.

L'enseignement des rabbins portait principalement sur l'immortalité de l'âme, le jugement des hommes (récompense ou châtiment) par Dieu, et la résurrection des morts pour une vie terrestre bienheureuse.

L'âme humaine est au-dessus de tous les êtres du monde sublimaire, car elle est de nature divine, créée par Dieu de substance céleste, comme les anges, et issue d'un monde supérieur, impérissable; elle porte en elle un principe d'indestructibilité et d'éternelle durée. D'après les rabbins, qui admettaient, comme Pythagore, Platon et Hermer, Trismégiste, la préexistence des âmes, toute âme destinée à habiter un corps mortel a été créée le premier jour de la création, et Dieu a tenu conseil avec les âmes vertueuses pour savoir s'il devait créer le monde (*Bereschit rabba*, Chap. VIII). L'homme vertueux est, par la noblesse de son âme, et en tant qu'être moral, au-dessus des anges les plus élevés (*Sanhédrin*, 93, *a*); les anges mêmes voudraient se prosterner avec respect devant le premier homme (*Bereschit Rabba, loc. cit.*). Tous les êtres créés de substance céleste ont, dit Rabbi

Simai (*Siphre sur le Bereschit*, *Rabba*, 12), une enveloppe céleste et un esprit céleste. Tous ceux qui sont créés de matière terrestre ont un corps terrestre et un esprit terrestre; mais l'homme a un corps terrestre et un esprit céleste. « L'âme est un enfant du Palais céleste. » (*Tanchinna*, *Wajckra*, *Ber. Rabb.* 12; *Wajck*, 9.) L'âme de l'homme, la lumière divine (*Sentences*, 20, 27. *Sab.*, 30), est, de sa nature, pure, sans tache et de la plus haute moralité. L'homme ne quitte pas le sein de sa mère, dit R. Simlai (*Nidda*, 30, 'c) avant que son âme ait été solennellement adjurée d'être honnête, de savoir que Dieu est un être pur, que ses serviteurs sont purs, et que l'âme qu'il donne à l'homme est pure. Le Talmud étend cette ressemblance de l'âme avec Dieu à son organisation et à ses rapports avec le corps. « Comme Dieu remplit le monde, l'âme remplit le corps entier; comme Dieu voit tout sans être vu, ainsi fait l'âme; comme Dieu nourrit l'universalité des êtres, ainsi l'âme nourrit l'ensemble du corps; comme Dieu est pur, l'âme est pure; Dieu trône dans le secret, ainsi fait l'âme (*Berachot*, 31, *a*).

C'est donc dans le monde supérieur qu'est la véritable patrie de l'âme; mais, pour avoir part à la félicité, à la béatitude qui luit là-bas pour elle,

7.

il faut que, pendant le court pèlerinage de la vie terrestre, elle s'en rende digne par l'observation des préceptes divins et par une sérieuse étude de la loi. « Ce monde ressemble à un vestibule : cherche, ô homme, à atteindre à la perfection dans le vestibule, afin d'être admis dans la salle d'apparat! » ('Abot, IV, 36.) La Thora, dit R. Pinchas-ben-Jaïr, conduit à la prévoyance religieuse, celle-ci au zèle, celui-là à la pureté des mœurs, celle-là à la contemplation, celle-là à la piété, celle-là à l'humilité, celle-là à la crainte du péché, celle-là à la sainteté; la sainteté conduit à la possession de l'esprit saint; mais c'est la possession de l'esprit saint qui conduit à l'immortalité (Abod., Sar., 20, b).

Le peuple étant pénétré de ces vérités, il s'agissait moins de prouver l'immortalité de l'âme par l'Ecriture sainte que de montrer que la Bible fait très-fréquemment allusion à des peines et à des récompenses ultérieures; car les espérances exprimées par David dans ses chants inspirés étaient intelligibles pour tous : « Je demeurerai des éternités « dans tes tentes (Psaumes, LXI, 5); que de féli- « cités tu as réservées pour ceux qui te craignent! « ('Ibid., XXXI, 20); tu ne donnes pas au scheol « prise sur mon âme; tu me fais connaître le sen- « tier de la vie; tu me donnes la joie de te con-

« templer, le bonheur d'être à ta droite pendant
« l'éternité (*Ibid.*, XVI, 30, 33). Je contemple ta
« face dans l'innocence, et, en me réveillant, je
« me délecte de ton image. » (*Ibid.*, XVII, 35.) On
pourrait citer une infinité de passages semblables,
et d'autres encore où il est question d'être sauvé
du scheol (*Hosée*, XIII, 14). Mais dans les livres
mosaïques mêmes, la résurrection future est men-
tionnée, et c'est là le sens le plus ordinaire des
pléonasmes qu'offrent les promesses divines. « Afin
« que tu sois heureux et que tu vives longtemps
« (*Moïse*, 5e partie, XXII, 7). Tu réussiras et tu
« seras heureux (*Psaumes*, 128, 25). » Ce qui veut
dire : « Afin que tu sois heureux dans ce monde,
« qui est souvent heureux, et que tu vives long-
« temps, c'est-à-dire éternellement (*Kidusch*, 39, *b*).
« **Tu te trouveras bien** (dans ce monde) et tu seras
« heureux (dans le monde à venir.) » (*Abot.*,
4, 6.)

L'exemple suivant le démontre plus clairement encore, d'après ce principe à la fois de raison et d'expérience, que l'homme ne saurait attendre ici-bas la récompense de la vertu. Dieu
ne promet expressément une longue vie que dans
deux cas : à celui qui honore son père et sa
mère (*Moïse*, 5e partie, V, 16), et à celui qui, dé-

nichant des poussins ou retirant des oiseaux d'un
nid, au lieu de s'emparer également de la mère,
lui donne la liberté (*Ibid.*, XXII, 7). Si maintenant,
demande le Talmud, un père ordonne à son fils de
lui dénicher un nid, et que le fils, gravissant une
hauteur pour obéir à l'ordre de son père, fait un
faux pas et tombe mort sur la place, que devient
la longue vie, récompense de l'obéissance à Dieu?
Évidemment, la promesse de Dieu ne peut s'appliquer qu'à la vie éternelle.

Ce n'est pas seulement l'âme séparée du corps
qui a peines et récompenses à attendre dans la
mesure de ses mérites terrestres; la matière pénétrée, et par conséquent ennoblie par elle, le corps
soumis à l'action dissolvante de la nature, est appelé
également à partager un jour sa destinée heureuse
ou malheureuse; car, à la fin des jours, Dieu réta-
blit l'homme dans la plénitude de son être; il rappelle à une nouvelle vie le corps réuni à l'âme qui
l'animait jadis.

La croyance traditionnelle à la résurrection s'af-
fermit donc et devint un dogme incontesté. Nous
avons exposé plus haut nos conjectures relativement
à l'origine de cette croyance, et nous la trouvons si
fortement enracinée à l'époque qui nous occupe,
que nous voyons les rabbins traiter d'hérésie con-

damnable le refus de croire à la résurrection et au jugement dernier qui s'y rattache étroitement. On alla jusqu'à refuser, à ceux qui niaient ces deux points, toute participation à la vie future, ce qui équivalait à un anéantissement total (*Sanhédrin*, 90, *b*).

Soit à l'occasion de leurs controverses contre les saducéens et contre les autres adversaires de la résurrection, soit pour obéir à l'usage talmudique de faire remonter à l'Écriture sainte le principe de toute vérité reconnue, les rabbins s'efforcèrent de tirer de la Bible divers arguments pour la résurrection (*Ibid.*, 91, *f*). Le plus grand nombre de ces arguments sont plutôt, suivant le procédé de la dialectique talmudique, des points de repère et des moyens mnémoniques, que des preuves dans le sens des logiciens. Comme pourtant l'expression talmudique *vie des morts* ou *vivification des morts* (*Tehaïm amethim*) s'applique aussi bien, suivant la remarque d'Albo (*Ikarim*, IV, 31), à la future résurrection des corps qu'à l'immortalité de l'âme, nous croyons devoir entre autres preuves en recueillir trois qu'on peut alléguer à l'appui de l'immortalité de l'âme. Nous appelons la première, preuve ontologique ; la seconde, preuve par analogie ; la troisième, preuve théologique.

La première s'appuie sur l'argument des anciens,

d'après lequel Dieu a bien pu faire tout sortir du
néant; mais ce qui existe ne peut plus être anéanti
(nous voyons bien, dans la nature, des changements
de forme, mais jamais d'anéantissement). Si la vie
a pu sortir du néant à plus forte raison la vie doit-
elle sortir de la vie (*Sanhédrin*, 91, *a*).

Le second argument se fonde sur la considération
de l'origine, du développement et du perfectionnement de l'homme, d'où on peut tirer des conclusions relatives à sa destinée ultérieure. Le principe
de la génération est couvert pour nous d'un voile
impénétrable. Nous voyons d'un germe impercep-
tible sortir un homme : supposons un moment que
l'enfant acquière dans le sein de sa mère conscience
de son état, et qu'on lui dise qu'il devra, au bout
de quelques mois, quitter le lieu qu'il occupe;
l'enfant regardera un tel événement comme le plus
malheureux qui puisse lui arriver. Il se dira en
lui-même : ma vie est si agréable ici et si exempte
de souci; je nage dans un élément qui me convient
tant, dont la température m'est si favorable, qui,
enfin, me protége contre les influences dangereuses
du dehors; quand ma mère ferait les mouvements
les plus violents, il n'y en aurait qu'un peu plus
d'agitation au-dedans d'elle, et je n'en serais pas
moins mollement bercé dans son sein; je trouve

sans souci ma nourriture, je crois et prospère.

Si l'on disait encore à l'enfant, qu'on va déchirer
et mettre à néant les enveloppes qui le protégent,
tout ce qui l'entoure, les conditions qui paraissent
indispensables à son existence, il regarderait comme
une mort douloureuse l'acte qui l'arracherait au sein
de sa mère, et pousserait des gémissements et des
plaintes.

Vient enfin le moment de la séparation : l'enfant
quitte le petit monde où il vivait et qui est mort
désormais pour lui ; mais il pleure encore ce qu'il
a perdu, et déjà commence pour lui une plus belle,
une plus noble vie. Ses enveloppes sont déchirées
et vouées à la destruction ; mais l'enveloppe la plus
intime, la substance même de son âme, demeure et
se développe jusqu'à un degré de perfection qu'il
n'avait pas pressentie. L'homme commence alors
une seconde vie qui pourrait bien être nommée une
seconde grossesse pour lui. Au lieu du sein mater-
nel étroitement limité, il y a le monde ; il n'a plus
neuf mois, mais de nombreuses années à vivre. Il
reçoit en lui tout un monde, il trouve et crée en
lui-même tout un monde d'idées ; que de jouissances
flatteuses pour les sens, proprement humaines, de
nature à élever le cœur, n'offre pas la vie terrestre
à ce maître, à ce roi de la terre !

Mais la voix retentit de nouveau à ses oreilles ;
elle lui dit : Il faut te séparer, il faut quitter le sein
de la terre comme tu as quitté celui de ta mère, dé-
pouiller de nouveau ton enveloppe corporelle, vouée
également à la ruine, à la destruction ; il te faut encore une fois mourir ! Combien ne gémit pas l'homme
qui a pris en si grande affection son deuxième séjour
et sa vie terrestre ! Mort, tombeau, destruction,
quelles pensées amères, quels tableaux redoutables !
Quelle peut être la suite de cette seconde mort ? Une
vie encore plus belle, charmante, délicieuse, un pas de
plus vers des perfections qu'il n'avait pas pressenties.

La théorie que nous venons d'esquisser se trouve
exposée par R. Tabi, suivant la méthode habituelle
des rabbins. Pourquoi, remarque-t-il, voit-on Salomon (*Proverbes* XXX, 16) rapprocher la mort (le
scheol) de la matrice ? il y a une conclusion à tirer
de ce rapprochement. L'enfantement est un mystère,
la mort est un mystère. Si de ce néant, qui est le
germe dans le sein de la mère, un être peut sortir, qui
avec le temps devient un objet merveilleux, un
monde en raccourci, à plus forte raison, de la nuit
du tombeau où ce monde en raccourci semble s'en-
gloutir, un être encore plus merveilleux doit sortir.
Et ainsi nous avons, conclut *R. Tabi*, la preuve
biblique de l'immortalité de l'homme.

La troisième preuve se tire de la justice et de la toute-puissance de Dieu. S'il n'y avait pas d'immortalité, si le crime n'était pas puni après la mort, le criminel serait plus puissant que Dieu. En bravant la vertu, il défierait la Divinité, et pourrait se dire : Je vis à ma guise, et je ne crains point de vengeur, car la mort, c'est le néant, et tout a une fin. C'est ce qui fait dire à R. *Eliézer Hakapar :* Ceux qui sont nés, mourront, ceux qui sont morts, renaîtront à la vie, et les vivants seront jugés ; sache donc et sois convaincu que Dieu le Créateur est omiscient et souverainement juste, qu'il est à la fois témoin et juge, et qu'il jugera avec la plus stricte justice. Ne te laisse donc pas persuader par ta malice que le tombeau sera ton salut ; car, tu as été engendré malgré toi, tu es né malgré toi, tu mourras malgré toi, et malgré toi aussi, tu rendras des comptes au Roi des rois, au Saint ; loué soit son nom (*Abot ;* IV, 23).

Après ce coup d'œil général sur la doctrine de l'immortalité de l'âme, telle qu'elle a été professée par les rabbins, nous allons recueillir en détail tout ce qu'ils ont écrit de plus remarquable sur l'âme, la mort, la rémunération suprême et la résurrection.

Les âmes préexistantes sont toutes dans un lieu que les rabbins appellent *Guf* (corps) (*Abod. sar.*, 65, *a*, *Nidda*, 13, *b*, *Jebam*, 63, *b*). Raschi exprime dans

son Commentaire l'opinion qu'il faut entendre par
Guf, l'epace qui s'étend entre la *Sch'china* et la résidence des anges; là seraient les esprits et les âmes
qui ont été créés dans les premiers jours de la création et qui sont destinés à habiter des corps humains (*Jebam*, *a*, *a*, *O*).

Le Messie ne viendra, suivant *R. Jose*, que lorsqu'il
n'y aura plus aucune âme dans le Guf. Le Pseudo-
Esdras ne fait également apparaître le Messie (IV, 4,
36) que lorsque le Limbe (le scheol) est plein et le Guf
vide. Le Talmud place le Guf au sommet du ciel, au
septième ciel (*Arabot*), où se touvent le droit, la justice
et la vertu, les trésors de vie, de paix et de bénédiction, les âmes des justes et tous les esprits, enfin,
toutes les âmes qui doivent être créées (*Chag* , 12, *b*).

L'âme vivifie le germe dans le sein de la mère et
en fait un être humain. R. Jehuda Hanassi professait
l'opinion erronée (renouvelée aussi par des physio-
logistes modernes, entre autres par Nasse) que
l'enfant n'entrait pas en possession de son âme
avant l'enfantement : l'empereur Antonin lui ré-
pliquait judicieusement que l'âme doit vivifier le
germe dès le premier moment de la conception,
autrement, il tomberait en putréfaction en moins
de trois jours (*Sanhéd.* 91, *b*); le Talmud fixe
également à quarante jours après la conception, la

prise de possession du fruit par l'âme, grâce à laquelle il devient un être humain (*Menach*, 99, *a*, voy.
aussi *Nidda et Berach*). En tout cas, l'âme immortelle
réside déjà dans le fœtus ; et c'est ce qui fait dire aux
rabbins dans leur langage allégorique que, dans le
sein de sa mère, le roi David chantait déjà les louan-
ges du Seigneur (*Berach*, 10, *a*). Ils disent également
que dans le sein de sa mère l'âme possède encore la
plénitude de son être primitif préexistant), et qu'elle
y reste dans son état premier. Nous rencontrons là
les idées préexistantes de Platon, l'omniscience de
l'âme, à laquelle succède l'ignorance dès que l'âme
paraît sur la terre. C'est un tableau que R. Simlai
rend visible par l'image suivante : « Une lumière
« brille sur la tête du fœtus et il voit d'une extrémité
« du monde à l'autre.—(Ne t'en étonne pas ; c'est un
« homme qui dort et qui a un songe dans Apamée).—
« A nulle époque, nul ne vit plus heureux qu'à celle-
« là ; on lui enseigne toute la *Thora* ; mais dès que
« l'enfant arrive à la lumière de ce monde, un ange
« lui frappe sur la bouche et lui fait tout oublier
(*Nidda*, 30, *b*).

Quand bien même l'âme remplirait et pénétrerait
le corps tout entier, il s'agit de savoir quel en est le
siége, quel en est le point central d'où l'âme agit.
R. Eliézer plaçait, comme Platon et Galien, dans la

tête, et R. Josué, comme Aristote, dans le cœur, le siége du principe rationnel (*Midrasch*, sur les *Proverbes*).

Lorsque l'âme a achevé son pèlerinage sur la terre, elle revient au pays de sa naissance. « Ce « monde ressemble à une auberge sur la route, « c'est l'autre qui est notre vraie résidence. » (*Moed Katan*, 9, *b.*)

A l'heure de la mort, l'homme jette un regard de l'autre côté du tombeau, et le juste arrive déjà ici-bas à la contemplation de Dieu. « Car aucun homme « ne peut me voir tant qu'il vit (2, *Moïse*, XXXIII); « mais, ajoute le Midrasch (sur le IVe livre de « Moïse, chap. XIV), il me contemple en mourant. « La pleine récompense des justes leur est réservée « pour la vie future ; mais on la leur fait déjà entre- « voir dans celle-ci ; ils se rassasient de ce regard « pendant qu'ils sont sur leur lit de mort. » (*Ber.*, *Rabb.*, chap. LXII, sur *Hohenl.*, chap. LII.) Le mourant voit apparaître devant lui les trépassés. R. Jochanan-ben-Saccai vit, avant de mourir, le roi Ezéchias entrer dans sa chambre (*Berach*, 28, *b*).

Le dernier moment est représenté par *R. Chanina* (*Moed. Kat.*, 28, *b*) comme très-douloureux, la sépa-ration de l'âme et du corps est très-pénible. « La « voix de l'âme, quand elle se sépare du corps,

« traverse le monde d'un bout à l'autre. » (*Joma*, 20, *b*.) L'âme ressent douloureusement la mort terrestre, et, dit *R. Chasda*, elle porte sept jours son propre deuil. D'après la doctrine des anciens Perses, comme Schubert le fait remarquer, l'âme passe également près de la tête du mort les deux premières nuits qui suivent le trépas; elle reste alors dans une mince enveloppe d'éther, et, après s'être arrêtée trois jours encore près du cadavre, elle s'élève au sommet de l'Albordsch, où elle doit être jugée.

Le corps lui-même n'est point, selon *R. Jirchack*, absolument insensible, tant que sa dissolution n'est pas complète; les vers sont aussi douloureux pour le cadavre qu'une piqûre d'aiguille pour l'homme vivant. Selon d'autres, au contraire, le sentiment s'arrête en même temps que la vie, et le cadavre ne sentirait même pas un coup de faux (*Sab.*, 13, *b*; *Berach*, 16, *a*). — Le corps entend tout ce qu'on dit de lui, jusqu'au moment où la fosse est comblée (*Sab.*, 152, *b*); c'est ainsi que les lèvres d'un théologien se remuent lorsqu'on émet une proposition en son nom (*Jebam*, 96, *b*). — L'âme prend plaisir aux oraisons funèbres. *Rab* pria le *R. Samuel Bar Schila* de faire avec chaleur son oraison funèbre, car son âme devait y assister (*Sab.*, 153, *a*). On attachait une grande importance aux oraisons fu-

8.

nèbres, parce qu'elles contribuaient beaucoup à
rendre le repos aux âmes qui l'avaient perdu (*Ibid.*,
152, *a*).

R. *José bar Saül* disait (*Ketub*, 104, *b*) : Quand le
juste vient à décéder, les anges disent à Dieu :
Maître du monde! tel ou tel juste arrive; et Dieu
dit : Que les (âmes des) justes aillent au-devant de
lui, et lui disent: « Qu'il vienne en paix et repose
sur sa couche. » (*Isaïe*, LVII, 2.) R. *Élasar* disait que
trois troupes d'anges allaient à sa rencontre. L'une
dit : Qu'il vienne en paix ; l'autre : Qu'il marche
droit; la troisième : Qu'il vienne en paix et se
repose sur sa couche. Mais lorsque l'impie vient à
trépasser, ce sont trois troupes d'anges de la destruction qui viennent à sa rencontre. L'une dit :
Point de paix à l'impie, dit Dieu (*Isaïe*, XLVIII, 22);
l'autre : Qu'il gise là dans l'affliction (*Ibid.*, L, 11)!
et la troisième : Descends et reste parmi les en-
durcis (*Ezéchiel*, XXXII, 19). — Toute bonne action que l'homme accomplit ici-bas le précède dans
l'autre monde, et toute mauvaise action le suit
comme un chien (*Sota*, 3, *b* ; *Abod., Sar.*, 5, *a*).

Toutes les âmes des trépassés sont confiées à la
garde de l'ange *Duma* (*Sab.*, 152, *a* ; *Sanh.*, 94, *a*), et
chacune d'elles est conduite devant le tribunal de
Dieu (*Sab.*, 30, *b*), où elle rend elle-même témoi-

gnage de ses actions sur la terre (*Chagig*, 17, *a*).
« Lorsque l'homme entre dans la vie future, toutes
ses actions lui sont racontées jusque dans les
moindres détails; on lui dit : Tu as fait telle et
telle chose, tel et tel jour, en tel ou tel lieu; et il
répond : Oui, il en est ainsi. On lui dit encore :
Certifie que c'est la vérité; et il le fait; et le récit
se trouve ainsi « scellé de la main de tout homme. »
(*Job*, XXXVII, 7.) Il y a plus : il reconnaît la justice
du jugement qui a été porté sur lui, et dit : Vous
m'avez jugé justement (*Taanit*, *a*).

Le jugement est droit et rigoureux : les bonnes et
les mauvaises actions sont pesées minutieusement,
et l'homme est puni ou récompensé en proportion.

« Dieu est fidèle; » car le méchant est puni
là-bas pour les moindres fautes, comme le juste
l'est ici-bas.

« Dieu est sans fausseté; » car, de même que le
juste est récompensé là-bas pour la moindre bonne
action, de même le méchant est récompensé ici-bas
pour la moindre bonne action (*Ibid.*). Si l'on a dix
bonnes et dix mauvaises actions à alléguer, il ne
faut pas croire qu'il y ait là matière à compensa-
tion; non, Dieu punit d'abord ces dernières et récompense ensuite les premières (*Midrasch* sur le
psaume XXVI). Quoique celui qui sait tout soit lui-

même témoin et juge (*Abot.*, IV, 23), toute bonne action accomplie ici-bas rend cependant témoignage elle-même (*Aborda, Sar.*, 2, *b*). Selon quelques-uns, ce sont les anges qui accompagnent l'homme, qui lui servent de témoins ; selon R. *Chidka*, c'est l'âme qui témoigne pour ou contre elle-même (*Taanit*, 11, *a*).

L'âme arrive alors soit au lieu de la récompense (*Gan Eden*, paradis), soit au lieu de la punition (*Gehinom*, enfer) : « Les âmes des impies se diri« gent tout d'abord vers le ciel comme celles des « justes, mais ces dernières sont introduites dans « les appartements principaux, tandis que les au« tres redescendent. et, après avoir erré sur la « terre, retombent plus bas encore, savoir dans le « Gehinom.» (*Midrasch*, sur *l'Ecclésiaste*, *S.* 69, *b*). » Avant que Dieu créât le monde, il a créé la Thora, il a préparé le jardin d'Éden pour les justes, afin qu'ils en puissent jouir et qu'ils se rafraîchissent avec ses fruits, pour s'être appliqués à la loi et en avoir suivi les prescriptions. Il prépara également le Gehinom pour les impies qu'on peut comparer à une épée nue (allusion aux épées de feu dont sont armés les chérubins qui gardent l'entrée de l'Éden, I, *Moïse*, 111, 24), et dans le Gehinom du feu et des brasiers, instruments du supplice réservé aux mé-

chants (*Targum* de Jérusalem, sur I, *Moïse*, 111, 24;
voyez aussi *Pesachim*, 54, *a*).

La plus grande partie, sinon la totalité de ce que
les rabbins ont écrit sur l'Éden (et aussi sur l'enfer), sur le bonheur qui y règne, sur l'honneur qui
y est réservé aux justes, et sur les conditions qui y
sont faites à l'âme, peut à bon droit être pris allé-
goriquement; il faut y voir une image sensible de
la félicité purement spirituelle; au moins ferait-on
tort aux rabbins, si l'on prenait leurs peintures dans
un sens purement matériel, et si l'on s'autorisait
contre eux du langage figuré qui leur est propre. On
les voit, chaque fois qu'ils ont à représenter un objet, une situation de nature purement spirituelle,
recourir à des idées matérielles, parce qu'ils ne
pouvaient se soustraire entièrement à l'influence
des sens. Le Talmud s'exprime ainsi : « Dans le
« monde à venir on ne boit ni ne mange, on n'a au-
« cune jouissance sensuelle, mais les justes sont
« assis, des couronnes sur la tête, et se récréent de
« l'éclat de la Divinité. » (*Berach,* 67, *a*.) Maimonide
fait à ce propos la remarque suivante (Commentaire
sur la *Mischna Sanhed.*, I, ch. 11) : « Il ne peut être
question ici de couronnes matérielles, et il faut entendre par là la conscience de l'immortalité, comme
par ces mots, *l'éclat de la Divinité,* une haute idée

de Dieu. Les couronnes, les siéges d'honneur, les baldaquins, les banquets, les danses célestes, les places réservées près du fleuve de parfums, toutes les jouissances qui sont le partage des justes, ne peuvent être prises matériellement. Quoique l'imagination de plusieurs rabbins n'ait pu se garder suffisamment des images sensuelles touchant la vie à venir, il n'en est pas un néanmoins, qui soit tombé dans le pur matérialisme.

Après cette remarque nécessaire, continuons la description de l'Éden.

Il y a dans l'Éden de nombreuses gradations, suivant les différents degrés de mérite. Le plus haut degré, c'est « la communication avec la divinité « (*Sab.*, 149, *b*), c'est la participation au pacte de « vie (*Samuel*, XXV, 29 ; *Sab.*, 152, *b*). Les âmes des « justes demeurent auprès de Dieu dans le ciel (*Midrasch*, sur le *Cantique des cantiques*); elles sont « immédiatement au-dessous du trône de Dieu. » (*Sab.*, *a*, *a*, *O*.) Comment la pythonisse d'Endor pouvait-elle, demande le *Talmud* (*Ibid.*), évoquer de ce lieu, le plus saint de tous, l'âme du prophète Samuel? C'est, répond-il, qu'il n'y avait pas encore douze mois d'écoulés depuis la mort de Samuel ; car, dans les douze premiers mois qui suivent la mort, le corps n'est pas encore dissous, et l'âme monte et descend. Au bout de douze mois, le corps est réduit en poussière, et l'âme monte et ne redescend plus.

A chacun des justes est attribué une demeure d'après son rang (*Ibid.*). Les pécheurs repentants sont plus haut que les justes, et la place la plus élevée appartient aux martyrs (*Bab., Batr.*, 10, *b*). Quant à ce qu'il faut penser des couronnes dont Dieu orne le front des justes (*Sanh.*, 111, *b*), des baldaquins sous lesquels il les place (*Bab., Bat.*, 74, *a*), des banquets qu'il leur fait préparer (*Pessach*, 119, *b*), des danses auxquelles il les convie et assiste lui-même (*Taanit*, 31, *a*), nous nous sommes déjà expliqué sur ces divers sujets.

La vie ultérieure est la véritable : vivre vertueux, c'est la seule manière de vivre. Mourir ou vivre, c'est être impie ou vertueux. Les impies sont déjà morts pendant la vie, les justes vivent même de la mort (*Berach*, 186). La *Thora* est admirable, parce qu'elle est une source de vie dans ce monde et dans l'autre (*Abot.*, VI). Les impies sont comme la brute qui n'a à attendre que la mort et point de félicité (*Midr.* sur l'Ecclésiaste, 69 , *a*). Une heure , dit *R. Jacob*, passée ici-bas dans le repentir et la vertu, milite en faveur de la vie future tout entière ; une heure de félicité dans la vie future vaut toute la vie terrestre (*Abot.*, IV, 22). Du reste, les rabbins ne con-

naissaient proprement ni enfer ni purgatoire ; les
âmes montent vers l'Éden ou descendent dans le Gehinom. Pourquoi te lamenter, disait R. *Simon* à R. *Israël*
qui venait d'être condamné à mort, tu seras d'ici à
peu de temps au milieu des justes dans le paradis
(*Semachot*, V, *b*). *Bar Schila* était mort très-peu de
temps avant Raba bar Huna. « Il ne m'a, disait ce
dernier, précédé que d'un instant dans le paradis
(*Nidda.*)» Oh ! qui peut savoir, disait R. Jochanan-ben-
Saccaï avant sa mort, quel chemin on me fera suivre,
celui de l'Éden ou celui de Gehinom ! (*Berach*, 28, *b*.)

Toutes les inégalités sont supprimées là-bas ; là-
bas seulement, l'ordre moral est rétabli. C'est un
monde renversé, disait R. Jose, que j'ai vu là-bas ;
ceux qui étaient ici les premiers sont là-bas les derniers, et ceux qui étaient ici les derniers sont là-bas
les premiers. Non, répliqua Josué son père, c'est
le vrai monde que tu as vu (*Bab.*, *Batr.*; 10, *b*).

L'opinion de *Resch Lakisch*, que le feu du Gehinom n'a pas d'action sur les péchés israélites (*Eru-
bim*, 19, *a*), a trouvé d'énergiques contradicteurs.
Ainsi l'école de Schamaï enseignait que les âmes
parfaitement justes entrent immédiatement dans
l'Éden ; les âmes absolument pécheresses descendent dans le Gehinom ; les âmes moyennes
y vont également, mais le repentir et la contrition

les en font bientôt sortir (*Rosch Hasch*, 16, *b*).

Les pécheurs, y est-il dit plus loin (*Ibid.*), qu'ils soient israélites ou païens, s'ils n'ont commis que des péchés corporels, tels que l'abus des jouissances sensuelles, descendent dans le Gehinom, et y sont jugés dans un intervalle de douze mois; au bout de ce temps, leur corps tombe en poussière, leur âme est passée au feu, et un vent les porte aux pieds des justes; mais les hypocrites, les délateurs, les épicuriens, ceux qui ont nié la révélation et la résurrection, ceux qui se sont séparés de la communauté ou qui l'ont maltraitée, ou ceux qui, non contents de pécher eux-mêmes, ont entraîné d'autres hommes au péché, descendent dans l'enfer, y sont jugés de génération en génération, et le Gehinom aura une fin plus tôt que leur punition.

Les punitions dans le Gehinom sont variées, mais c'est le feu qui y joue le principal rôle; l'enfer est tous les mois fraîchement réparé pour la troupe de Corée, et les Coréites y bouillissent comme la viande dans la marmite (*Bab. Batr.*, 74, *a*). L'enfer a, comme l'Éden, divers compartiments; les grands coupables sont dans les lieux les plus profonds, où ils se lamentent et reconnaissent la justice de la peine qui les frappe (*Erub.*, 19, *b*). Une place spéciale était attribuée dans le Gehi-

nom aux fils de Corée, qui étaient moins coupables
que lui, et là ils chantaient les cantiques du Sei-
gner (*Sanh.*, 110, *a*). Les âmes des méchants, dit
R. Eliézer, se trouvent plongées dans de sombres
réflexions, et deux anges, qui se trouvent aux deux
extrémités du monde, se lancent ces âmes-là de l'un
à l'autre (1, *Sam.*, 25, 29 ; *Sab.*, 152, *b*). Celui qui
a été jaloux des théologiens, ses yeux sont dans
l'autre monde aveuglés par la fumée.

L'enfer a sept noms : 1° vallée d'Hinom (Gehinom),
2° Scheol, 3° destruction, 4° sources de perdition,
5° fossé bourbeux, 6° ombres de la mort, 7° terre sou-
terraine. Il a trois entrées, l'une dans le désert, l'autre
dans la mer, la troisième à Jérusalem (*Erub.*, 19, *a*).
Quant à l'étendue et aux dimensions de l'enfer,
voici l'idée qu'on en donne : L'Égypte avait 400 para-
sanges carrées ; or, l'Égypte est 60 fois plus petite que
l'Ethiopie, celle-ci 60 fois plus petite que la super-
ficie de la terre, celle-ci 60 fois plus petite que le
jardin, celui-ci 60 fois plus petit que l'Éden, celui-
ci, enfin, 60 fois plus petit que le Gehinom ; ainsi
la dimension de la terre comparativement à celle du
Gehinom, est à peu près celle du couvercle à la marmite ; selon d'autres, le Gehinom est incommensu-
rable (*Taan.*, 10, *a ; Pessach*, 94, *a*).

Tout homme sensé prendra ces niaiseries pour

ce qu'elles sont; les rabbins pouvaient bien chercher à représenter, à leur manière, que la somme
du mal l'emporte sur celle du bien chez l'homme;
car ils estimaient que le tiers à peine du genre humain arrive au royaume des cieux (*Sanhéd.*, 111, *a*).

Les rabbins regardaient l'anéantissement total de
l'âme comme le châtiment suprême; c'est un point
qui est hors de doute, mais sur lequel il s'est élevé
plusieurs discussions. Dans le passage où il est dit:
« Une telle personne doit être exterminée, oui exter-
« minée » (4, *Moïse*, XV, 31), la répétition du mot
montre qu'il faut entendre par là une extermination
complète dans cette vie et dans l'autre; mais nous ne
savons pas encore en quoi consiste l'extermination,
charet; en rapprochant ce passage d'un autre où il
est dit: « Je précipiterai la personne dans l'abîme. »
(3, *Moïse*, XXIII, 38), il est aisé de se convaincre qu'il faut entendre par *charet* : aller au fond
de l'abîme (*abadon*). — D'un autre côté, il faut considérer que l'enfer s'appelle aussi *abadon*, et que ce
mot ne peut avoir là le sens d'anéantissement;
charet lui-même, s'il faut entendre par ce mot un
châtiment dans la vie future, peut signifier aussi un
long châtiment dans l'enfer. Nous indiquerons, par
la suite, les diverses opinions des talmudistes sur
l'anéantissement (et le *charet*).

Quant à l'éternité des peines ultérieures, les rabbins ne paraissent en aucune façon l'avoir admise ;
car il est dit dans les passages cités plus haut, que
les grands coupables seront jugés durant les générations, etc...; il est donc évident qu'on ne saurait entendre par là l'éternité. D'ailleurs, il y a des exemples
de personnes rédimées de l'enfer; Abraham tira
certains pécheurs de l'enfer (*Erub.*, 19, *a*). *R. Meïr*
obtint par ses prières qu'Elischa-ben-Abuja fût puni
dans l'enfer, ce qui devait le conduire à la béatitude, et *R. Jochanan* sauva ce même personnage
des peines infernales (*Chag.*, 15, *a*). Enfin, les âmes
repentantes sont arrachées aux peines infernales et
admises dans le ciel, et les âmes chargées de péchés
moindres arrivent à la béatitude après avoir expié
leurs péchés dans l'enfer. Une allégorie très-signifi-
cative met dans tout son jour la mansuétude des
rabbins en pareille matière : dans le *Midrasch* (sur
l'*Ecclésiaste*) on demande : pourquoi Dieu a-t-il créé
le paradis et l'enfer? et l'on répond : afin que l'un
sauve de l'autre. A quelle distance sont-ils l'un de
l'autre? *R. Jochanan* croit qu'il y a entre eux l'épais-
seur d'un mur; *R. Acha*, une palme; d'autres
rabbins, un doigt seulement. Combien il est facile
alors aux âmes pécheresses, par un retour sur elles-
mêmes. par une ardeur nouvelle pour le bien, de

quitter l'enfer pour le ciel. Combien le terme de la damnation est rapproché du pécheur, et combien est court le passage de l'enfer au ciel pour l'âme déchue par ses fautes. Elle porte en elle une étincelle de vertu qui ne peut s'éteindre entièrement, qu'elle n'a qu'à ranimer au milieu des tourments de l'enfer, pour rejeter d'elle-même toute souillure, et pour jouir des félicités célestes.

L'état de l'âme, dans le monde à venir, était considéré comme une continuation de la vie première et de ses habitudes, seulement à un degré plus élevé, comme un progrès dans la connaissance et dans la science, et, selon la belle expression de R. Chija, un progrès à l'infini vers la perfection. Les justes, dit-il, n'ont pas plus de repos dans l'autre monde que dans celui-ci; ils passent d'un effort à l'autre (*Moed Kat.*, 29, *a*). Ils s'intéressent également au sort de ceux qui leur survivent. *R. Jehuda Hanassi* avait dit avant de mourir: *Joseph Chofni* et *Schmiron Ephrati* m'ont servi pendant ma vie, ils doivent me servir aussi après ma mort. Ses disciples entendaient par là que ces deux hommes devaient lui rendre les derniers devoirs; mais comme ils moururent avant lui, les disciples comprirent qu'il avait voulu parler de la vie future (*Ketub.* 103, *a*). Les âmes entendent prononcer les arrêts de l'avenir,

9.

derrière le rideau qui les sépare du conseil de Dieu
(*Berach*, 18, *b*). Les prières pour obtenir une pluie
fructifiante sont arrêtées dans le cimetière, afin que
les morts puissent mêler les leurs à celles des vivants (*Taan*, 16, *a*). Kaleb se prosterna sur les tombeaux des patriarches et les pria de lui obtenir la
faveur divine (*Sota*, 34, *b*). Rachel pria pour ceux
qui avaient été emmenés en captivité par Nebusa-
radan (*Ber. rabb.*, ch. LXXXII). Les théologiens
continuent leurs études dans le ciel; leurs as-
semblées s'appellent *Sessions célestes* (*Berach*,
18, *b*).

Les âmes des trépassés apparaissent de temps
en temps aux hommes sous la forme qu'elles
avaient pendant la vie terrestre. Samuel vit dans le
cimetière son défunt père Aba, et l'interrogea sur un
sujet qui l'intéressait fort; il s'entretint aussi avec
le défunt Levi, et se fit prédire par lui l'avenir qui l'at-
tendait(*Berach*, 18, *b*). On raconte de Rab, qu'il possé-
dait l'art d'évoquer les morts par des conjurations
(*Bab. Mez.*, 107, *b*). R. Jehuda Hanassi, dont nous avons
parlé, apparaissait après sa mort chaque vendredi
soir dans son ancienne demeure (*Ketub.*, 103, *a*).
R. Nachman, mort depuis longtemps, apparut en
chair et en os (*Sab.*, 152, *b*), etc. Nous passons les
nombreuses paraboles et histoires d'hommes qui

arrivèrent vivants au paradis (*Bab. Mez.*, 114, *b*, *Ketub.*, 77, *b*).

Les rabbins ont traité aussi de l'âge auquel l'homme devient mûr pour la béatitude éternelle. Tous sont d'accord sur ce point que les enfants y sont aptes, et *Rabina* étend cette faveur à l'enfant même qui meurt dans le sein de sa mère. Les uns y admettent l'enfant dès sa naissance, les autres, l'enfant mâle après la circoncision, d'autres, l'enfant quand il commence à parler; *R. Meïr*, l'enfant assez avancé dans la connaissance de Dieu pour pouvoir dire *Amen* en entendant une bénédiction (*Sab.*, 110, *b*).

Les justes païens participent à la vie éternelle et à la béatitude éternelle aussi bien que les justes israélites. « Si un non-juif juste s'occupe de la loi divine, il mérite d'être placé au même rang que le grand-prêtre; car l'Écriture dit : « Les lois que l'homme « doit observer, afin qu'il vive (éternellement). » Il n'est pas dit : que le prêtre, le lévite, l'israélite doit observer, mais tout simplement, l'homme, et par conséquent aussi le païen (*Abod. Sar.*, 3, *a*). *Onkelos-Bar-Calonicos* citait l'âme (par conséquent immortelle) de Titus et d'autres (*Gitin*, 56, *b*). Le Talmud compte Bileam parmi ceux qui ne participeront pas à la résurrection; cela prouve, fait observer Maimonide (Commentaire sur la Mishna, *Sanh.*, XI, 1), que

les autres païens peuvent y participer. Comme nous
l'avons indiqué plus haut, le Talmud estime qu'un
tiers des enfants de Noé, le père commun du genre
humain, mérite la béatitude éternelle, ce qui comprend évidemment les païens. Antonin, dit le
Talmud, demandait à R. Jehuda Hanassi s'il parti-
ciperait à la vie éternelle. — Certainement, répliqua
R. Juda ; les païens impies en sont seuls exclus
(*Abod. Sar.*, 10, *b*).

Un jour, Dieu trouvera conforme à ses desseins
de réveiller les morts, c'est-à-dire de réunir les
âmes avec les corps qu'elles avaient jadis et dont
les molécules premières ont continué d'être, afin de
prononcer le jugement dernier.

Quoique le moment de la résurrection doive être
bien postérieur à l'époque messianique, il peut
cependant arriver chaque jour, demain même
(*Taan*, 2, *a*). La résurrection est regardée en elle-
même comme un miracle si grand, si important,
comme une si imposante révolution, que le Talmud
la fait accomplir immédiatement par Dieu lui-même.
Dieu lui-même conserve, pour employer l'expression des rabbins, la clef de la résurrection et ne la
confie à aucun de ses messagers (*Ibid.*). Samuel fut
vivement effrayé lorsqu'il s'entendit appeler par la
sorcière d'Endor, car il croyait qu'on l'appelait

pour le jugement dernier (*Chag.*, 4, *b*). Les rabbins s'efforçaient de convaincre les sceptiques de la possibilité de la résurrection et de démontrer aux saducéens qu'elle est annoncée dans l'Écriture sainte. Aux premiers, ils disaient : si Dieu a pu tout faire sortir du chaos primitif des eaux, combien ne lui est-il pas plus facile de créer, avec la terre pour matière première. Si les pots d'argile façonnés par la main de l'homme peuvent, après avoir été brisés, recevoir de nouveau leur forme primitive, combien un pareil phénomène n'est-il pas plus facile à concevoir pour l'homme créé par Dieu ! Si, à une place où il n'y a ni terre ni eau, objectait R. *Ame* à un saducéen, un palais peut être élevé, cela sera bien plus facile encore là où l'un et l'autre élément se trouvent en abondance ; et R. Ame citait, à l'appui de ces considérations, des animaux, certaines souris, certains vers qui, on le croyait alors, naissent du limon (*Sanh.*, 90, 91). La démonstration de la résurrection par l'Écriture sainte se faisait d'après l'hermeneutique particulière du Talmud : on avait une foule de versets de la Bible à alléguer, et les saducéens eux-mêmes se tenaient pour satisfaits d'une seule de ces preuves. Voici quelques-uns des passages bibliques qu'on citait : « Le pays que j'ai juré à vos pères de leur donner (5, Moïse, I, 8). Je tue et

vivifie (*Ibid.*, **XXXII, 39**). Que Ruben vive et qu'il
ne meure pas (*Ibid.*, **XXXIII, 6**). Et beaucoup de
ceux qui dorment dans la poussière se réveillent. »
(*Daniel,* **XII, 2.**)

Enfin le jugement dernier va être rendu sur les
hommes rappelés à la vie, et leur sort va être arrêté
pour l'éternité. Le temps où ceci arrivera est appelé
par les paraphrastes « le grand jour du jugement. »
(Paraphrase sur 1, *Moïse*, IX, 6 ; 2, *Moïse*, VII,
31; IV, 7 ; *Ecclésiaste*, III, 15, etc.) Quant au sort
définitif des hommes jugés, les opinions sont par-
tagées. Quelques-uns font retourner les méchants
dans l'enfer (*Midrasch*, sur *Ps.* 31) ; Resch Lakisch
est d'avis que dans le monde à venir, il n'y aura
plus de Gehinom, mais que Dieu y fera luire le
soleil le plus ardent, qui sera une volupté pour les
justes et un tourment pour les impies (*Aboda, Sar.*,
3, *b*). L'empereur Antonin avait demandé à R. Jehuda Hanassi comment l'homme méritait d'être
puni, puisque le corps pouvait dire : Je suis une
matière inerte et qui ne compte pas ; et l'âme : Je
ne suis pas complice des jouissances sensuelles, la
chair seule a péché. A cette question le rabbin ré-
pondit par la fable célèbre de l'Aveugle et le Para-
lytique (*Sand.*, 91, *a*).

Pour les hommes trouvés innocents, purs, fi-

dèles à Dieu, commence alors le plus riant avenir;
mais nul israélite, pas même le moins pieux, ne
se retire à vide, et chacun a sa part de ce monde à
venir (*Ibid.*, 90, *a*). Les délices réservées à cette existence ne sauraient se mesurer. Toutes les joies
annoncées par les prophètes sont, dit R. Jochanan,
pour l'époque messianique; mais celles du monde
à venir, nul œil humain ne les a encore contem-
plées (*Ibid.*, 99, *a*). La lumière, créée au premier
jour de la création, et dont le monde ne peut supporter l'éclat, Dieu la mit dès lors en réserve, à
l'usage des justes, pour le monde à venir (*Ber.*,
Rabb., chap. XII); Dieu les délecte aussi de son
propre éclat, ce que David avait en vue lorsqu'il
dit: A mon réveil, je me rassasie de ton image
(*Bab.*, *Batr.*, 10, *a*). Les justes revenus à la
vie (et R. *Abuha* n'admet qu'eux à la résurrection) continuent à vivre éternellement (*Sanh.*,
92, *b*).

Si les rabbins ont chargé de mille broderies le
récit des précédents états de l'âme, ils ne se sont
pas fait faute d'allégories, de fantastiques imaginations, de conversations et d'extravagances her-
meneutiques, au sujet de l'état des ressuscités, et
fourni ainsi d'utiles matériaux et des points d'appui
solides à l'école cabalistique postérieure. De ce

nombre sont : la Jérusalem du monde à venir
(*Bab. Batr.*, 75, *a*); le repas composé de la chair du
Leviathan, salée à cet effet depuis les premiers
jours de la création, et du vin conservé en grappes
depuis le commencement du monde; les tentes
qu'on fera pour les justes de la peau du Léviathan,
et dont l'éclat remplira le monde entier; la question
de savoir si les justes ressusciteront nus ou éveillés;
la marche des morts vers la Palestine par des galeries souterraines; l'idée que les morts ressusciteront avec leurs infirmités corporelles, mais seront
bientôt guéris (*Sanh.*, *a*, *a*, *O.*); les trois cent dix
mondes réservés à tout juste (*Ibid.*, 10. *a*), etc.

Mais le Talmud refuse à certains pécheurs toute
participation au monde à venir : de ce nombre sont
ceux qui nient la résurrection, ou ceux qui croient
simplement que la doctrine de la résurrection n'est
pas contenue dans la Bible (*Sanh.*, 90, *b*), la troupe
de Corée, les dix tribus d'Israël, tant qu'elles ne
s'amenderont pas (*Ibid.*, 109), la race antédilu-
vienne, qui doit rester à jamais dans l'enfer, les
habitants de Sodome, qui doivent pourtant comparaître au jugement dernier; la race du désert (après
la sortie d'Égypte), qui ne comparaîtra pas même
au jugement dernier (*Ibid.*, 108, *a*), et, d'après
R. *Gamaliel* aussi, les petits enfants des grands

pécheurs, opinion que combat, du reste, R. *Akiba* (*Ibid.*, 110, *b*).

Il faut mentionner aussi l'opinion de R. *Ketina*; elle semble surtout dirigée contre l'erreur des schismatiques d'alors, qui attendaient impatiemment un millénaire de bonheur et de paix sous la domination du fondateur de leur secte. Par analogie avec les sept jours de la création, R. Ketina admettait que le monde durerait six mille ans, et qu'au septième millénaire, il retomberait dans le chaos. Abaj croit même que le monde restera alors deux mille ans en ruines. Pendant cette période, les justes seront pourvus d'ailes d'aigle et d'appareils natatoires pour s'élever dans l'air ou se soutenir au-dessus de l'eau, et échapper ainsi à la destruction universelle (*Sanh.*, 92, 97).

Le spectacle des imperfections physiques et morales de l'homme, la fragilité de la vie humaine, la difficulté d'arriver à la pureté morale, l'abaissement de la nation, les hostilités du dehors, les mépris et les souffrances dont tout Israélite était abreuvé à cette époque, la sévérité redoutée du jugement de Dieu, l'insuffisance présumée du mérite individuel pour la béatitude future, et, d'un autre côté, la félicité des âmes préexistantes initiées aux plus idéales connaissances, toutes ces circonstan-

10

ces avaient jeté dans l'esprit des docteurs d'alors
un tel découragement, que les deux célèbres écoles,
celle de *Schamaï* et celle de *Hillel*, discutèrent pendant deux ans sans pouvoir tomber d'accord sur la
question de savoir s'il valait mieux pour l'homme
être né que ne l'être pas. Après de longs débats, on
se décida pour le dernier avis. Si néanmoins
l'homme naissait, il n'avait d'autre parti à prendre
que de veiller avec attention sur ses actes, et de ne
pas s'écarter de la stricte morale.

Malgré tout leur rigorisme qui allait, nous l'avons
vu, jusqu'à fermer complétement le monde à venir
à certaines catégories de pécheurs, les rabbins pro-
fessaient le noble principe qu'un repentir sincère,
que la pénitence, ne se produisît-elle même qu'à
l'article de la mort, peut réparer une vie entière de
péché, car « rien ne saurait résister au repentir (*Kid-
dusch*, 40, *b*). » Les pécheurs repentants, sans en ex-
cepter même les athées, ont part au monde à venir,
et participent, après une juste expiation, à la béatitude éternelle.

Les rabbins enseignaient donc l'immortalité de
l'homme, la persistance de l'individu avec conscience de sa personnalité ; l'égale participation de
tous les hommes, païens ou juifs, à la vie future ;
la possibilité pour l'âme de se soustraire à l'enfer

par le repentir, et de s'élever jusqu'au séjour des
bienheureux : la pénitence, la contrition, le retour
à Dieu neutralisant les fautes du passé.

CHAPITRE IV.

L'IMMORTALITÉ DE L'AME PENDANT LA PÉRIODE
POSTÉRIEURE AU TALMUD.

Dans les siècles qui suivirent l'époque talmudique, le peuple israélite tout entier s'attacha textuel-
lement aux doctrines, points de vue et maximes
exposés dans le *Talmud*, et les théologiens se
prescrivirent pour tâche de développer la matière
donnée d'avance, de faire des extraits du *Talmud*,
de le commenter, sans changer un *iota* à la lettre
même de l'œuvre. Certaines théories métaphysiques
se modifièrent également, et chacun chercha à mettre la sienne en rapport avec le Talmud ou à l'y
subordonner : de ces développements donnés à la
pensée des docteurs, il résulta une double tendance, et deux classes de penseurs; prenant l'une et
l'autre le Talmud pour point de départ et pour
terme de leurs investigations, elles présentèrent cependant d'importantes différences, et constituèrent

chacune en particulier une modification spéciale de
la doctrine talmudique reçue.

Ces deux classes ou écoles sont l'école philosophique et l'école mystique. La première accom-
moda la métaphysique de la Bible et du Talmud
à la philosophie d'Aristote; la seconde, s'appuyant
sur un certain nombre d'idées gnostiques, donna
un libre essor à son imagination, et présenta ses
enseignements comme l'expression d'une tradition
secrète (*kabbala*). La raison domina donc dans la
première et le sentiment dans la seconde. Le mouvement philosophique eut pour principaux chefs
les philosophes juifs, espagnols, parmi lesquels on
remarque surtout *Maimonide, Jehuda Halevi, Aben
Esra, Alba,* etc... L'école cabalistique, dont le Sohar
peut être considéré comme la source, eut pour
représentants *Nachmanides, Luria, Bechai,* etc...
Naturellement, plusieurs esprits éclectiques s'efforcèrent de réunir les deux écoles, entre autres Nachmanides que nous venons de nommer, Abarbanel,
Manassé-ben-Israël.

Nous allons interroger, sur la question de l'immortalité de l'âme, d'abord les philosophes juifs,
ensuite, et surtout, les mystiques juifs.

A.

L'IMMORTALITÉ DE L'AME DANS L'ÉCOLE PHILOSOPHIQUE JUIVE.

L'exposition que nous nous proposons de faire portera sur trois points : 1° L'idée que les philosophes se sont faite de l'âme ; 2° comment ils ont conçu l'immortalité de l'âme ; 3° ce qu'ils ont pensé de l'anéantissement possible de l'âme.

Sur la question de la nature de l'âme, tous les penseurs de cette école ont suivi Aristote. Ce dernier tenait l'âme pour une substance différente du corps, et en même temps pour le principe de la forme (l'entéléchie) du corps organisé. La forme (*zura*, entéléchie) fait du corps (*chomer*, la matière) un être animé. La matière n'a en soi que la possibilité de vivre ; mais c'est l'âme qui lui donne l'activité, et par elle le corps devient un être vivant. L'âme ne peut être considérée comme distincte du corps à un certain point de vue, c'est-à-dire en tant qu'elle est le principe d'une certaine activité, d'une certaine forme, par exemple l'alimentation, la croissance. Mais en tant qu'elle n'est pas forme d'un corps, c'est-à-dire

10.

comme raison, on doit se la représenter comme distincte du corps. En conséquence, Aristote distingue
dans l'âme des puissances inférieures et supérieures, d'où résulte cette division : 1° La faculté d'alimentation et de croissance (âme végétative, *Nephesch
Atsoumchat*); les plantes l'ont également; 2° la faculté
de sentir (âme sensitive, *Nephesch Hiounit*), qui fait
d'une créature organisée un animal ; c'est là l'âme
douée de vie et de sentiment, d'où dépend aussi la
faculté appétitive. Toutes les facultés que nous venons
de nommer sont des formes du corps et ne sauraient se
manifester sans le corps. Mais l'homme a une faculté
de plus en partage, celle de penser (âme rationnelle,
Nephesch Aschachlith). La faculté de penser est quelque chose d'absolument différent du corps, et c'est
elle qui constitue proprement l'âme dans le sens le
plus rigoureux du mot (*Aristote*, de l'Ame, liv. II).
L'âme végétative sensitive est originellement com-
mune à l'homme et à l'animal ; elle est de nature
élémentaire, mais constituée par la combinaison la
plus noble des éléments, qui sont des émanations de
la matière céleste, et cette matière céleste se trouve
dans l'homme au moment même où il est conçu.
Au contraire, la faculté de penser n'est pas originairement propre au corps, mais elle n'arrive que
plus tard et du dehors, et ici Aristote professe l'hy-

pothèse d'Héraclite suivant laquelle cette faculté
arrive à l'homme par la respiration. Quant à son
essence, elle est un produit immédiat ou une émanation de la Divinité, et partant immortelle ; c'est la
faculté intellectuelle active, divine, qui se communique aux sphères célestes, et qui, dans l'homme,
marche au bien absolu, grâce au concours de l'intelligence et de la volonté.

L'aristotélisme fut ainsi accommodé à la Bible et
au Talmud, au point qu'on admit jusqu'à l'hypothèse
ridicule d'Héraclite, si opposée à la Bible et au Tal-
mut, et même la théorie suivant laquelle la faculté
de penser ne serait dans l'homme qu'un produit
tardif de l'extériorité. Il est encore plus étonnant
que quelques philosophes juifs aient osé professer la
doctrine d'Alexandre d'Aphrodise, ce qui provoqua
une profonde divergence et une violente polémique
au sein de cette école. Alexandre d'Aphrodise tenait
l'âme pour une simple capacité d'admettre les idées
rationnelles (*Mouschcaloth*) ; et c'est l'exercice seul
de cette faculté qui fait de l'âme une substance et
qui la rend capable de s'unir après la mort avec
l'intellect actif (*schekel apoual*). *Narboni* (*Commentaire sur le Moré*) estime, non sans quelque appa-
rence de raison, que Maimonide accepte la théorie
d'Alexandre, quoique l'on n'en puisse trouver la

preuve dans le passage auquel s'applique son observation ; car Maimonide y dit seulement, que les
idées n'existent qu'en puissance dans la raison, et
que la raison est une pure faculté (ὐλη) et n'acquiert de réalité substantielle que lorsqu'elle con-
struit les notions à l'aide des perceptions antérieu-
res. Maimonide s'exprime dans d'autres passages
sur l'essence de l'âme, sans qu'on puisse en conclure avec plus de certitude qu'il se range à l'hypothèse d'Alexandre ; quand il dit, par exemple,
que la matière et la forme sont toujours réunies et
que la distinction que l'homme établit entre elles
est purement intellectuelle. Les formes pures, séparées de la matière, ne sont pas perçues, mais connues seulement par la raison comme nous connais-
sons l'existence de Dieu : « L'âme (*Nephesch*) de
toute chair » est la forme. La raison qui est propre
à l'homme est la forme humaine, c'est d'elle qu'on
dit : elle est l'image de Dieu ; ce qui veut dire que
l'homme a une forme raisonnable qui peut saisir les
idées incorporelles, immatérielles, comme celles
des anges qui sont de pures formes ; et par là,
l'homme devient leur égal. La forme humaine (nommée *nephesch* et *ruach*) n'est pas composée d'éléments, et, par conséquent, ne peut se dissoudre. Ce
n'est pas une force vitale, et elle ne dépend aucune-

ment de la force vitale comme celle-ci dépend du corps ; l'âme dépend simplement de Dieu. Que le corps cesse d'agir, que la force vitale liée à l'organisation se dissipe avec lui, la forme n'en persiste pas moins de toute éternité, avec ses attributs la pensée, la connaissance des idées abstraites, l'idée de Dieu qui ne dépendent pas plus qu'elle de la force vitale (*Jessode Hator.* IV, 7, 9). Ame raisonnable, forme de l'homme, telles sont les dénominations qu'on applique à l'essence de l'être humain qui subsiste après la mort (*More Neb.* I, 41). L'âme est également une matière dont la raison est la forme ; si cette forme lui faisait défaut, la capacité qu'elle possède de recevoir cette forme aurait existé chez elle en vain (*Huit chapitres* de Maimonide, I). « Par *Nephesch* il faut entendre, non cette âme, *Neschama,* qui a besoin du corps, mais la forme de l'âme, c'est-à-dire la connaissance qu'elle acquiert de Dieu et des idées abstraites (*H. Teschuba,* 8). De tous ces passages, nous concluons que, sans les idées rationnelles adventices, l'aptitude de l'âme à les recevoir serait restée engourdie, sans développement, en puissance ; ceci n'autorise pourtant pas à conclure qu'une telle âme soit périssable comme l'âme organique ; car si Aristote fait de l'âme un résultat *à posteriori* des impressions extérieures, néanmoins l'homme ne pouvant rester toute sa vie dépourvu d'idées, nul homme ne peut être considéré comme dépourvu de toute forme raisonnable et durable. C'est ce qui a engagé Manassé-ben-Israël (dans sa violente polémique contre *Arama*, dont nous allons bientôt parler et dont il critique amèrement les sympathies pour Alexandre), c'est, disons-nous, ce qui l'a engagé à défendre Maïmonide contre les accusations de Narboni (*Nischmat Chaïm*, ch. II).

Cependant Maïmonide semble, en effet, avoir adopté la théorie d'Alexandre ; car, dans un passage de son *Commentaire sur la Mischna* que nous citerons plus loin, il fait dépendre l'immortalité de l'âme, des idées des choses métaphysiques, comme l'enseigne la philosophie ; car autrement, dit-il, l'âme n'aurait pas de consistance par elle-même. Ceci jette plus de clarté sur le passage ci-dessus mentionné des *Huit chapitres de Maïmonide*, et prouve qu'il faut le prendre plutôt comme une démonstration en règle que comme une simple hypothèse.

Jacob Antoli, successeur de Maïmonide, n'insiste pas sur ce point ; à ses yeux, la raison pensante perfectionne l'âme et ne périt pas avec le corps, parce qu'elle n'a pas besoin du corps.

Au contraire, Isaac Arama se déclare clairement et ouvertement (*Abed Jirch*, chap. VI, chap. VI)

pour le principe d'Alexandre, qu'il qualifie de
« parfaitement conforme à la vérité. » L'âme, dit
Arama, est une aptitude, une capacité, qui n'arrive
à une existence effective, à la réalité, que par
la connaissance, l'intelligence, les actes raison-
nables et moraux; qu'on l'appelle ὕλη, capacité intellectuelle, force, tout ce qu'on voudra, moi, dit
Arama, je l'appelle une force qui peut, par la pensée et par l'action, devenir une entité spécifique;
elle est donc originairement un principe, une capacité, une perfection inférieure qui est faite pour
développer en elle des perfections supérieures.
Cette force s'élève peu à peu à la plus haute perfection, car sa naturelle ou première perfection
l'élève de plus en plus haut, grâce à une constante
application à bien faire, à des efforts assidus pour
s'affranchir des entraves matérielles et arriver à la
sagesse. De telle façon, elle se renouvelle et se prépare à une seconde existence, et un esprit céleste
pénètre cette force, qu'on donne à cet esprit le nom
de « Majesté créée, » ou de « Intelligence active, »
comme nous l'appelons. Dieu fait donc arriver les
forces à la réalité de l'existence, grâce à la pratique
de la vertu et à l'amour de la science, mais grâce
aussi à l'intermédiaire d'une émanation divine qui
fait de la force un être spirituel et indestructible.

La force originellement inhérente au corps n'était
pas encore de cette nature. Le développement de
cette force est appelé, par quelques-uns, « raison
acquise. »

Arama ne se sépare d'Alexandre que sur un point :
ce dernier fait tout simplement de la culture de la
pensée le seul moyen par lequel l'intelligence brute
devient une âme immortelle ; tandis qu'Arama s'ef-
force de tirer cette théorie-là de la Bible et de la
démontrer par une ingénieuse interprétation de
quantité de versets de la Bible ; en outre, il ne
peut s'empêcher de tenir compte de la religion,
indépendamment de la culture de l'intelligence ;
aussi rend-il obligatoire, outre le développement
de la raison, une vie conforme à la loi divine.
Nous avons trouvé une idée semblable dans
Maimonine, et nous la retrouvons dans Albo, avec
la différence que ce dernier, nous le montrerons
plus bas, fait de la pratique religieuse la condition
essentielle, et ne place la culture de la raison qu'au
second plan.

La loi politique, dit Albo (*Ikarim*, 1, 8), ne règle
que la société, mais ne perfectionne pas la pensée,
qui rend l'âme immortelle. Par les lois politiques,
l'âme apprend seulement à distinguer le juste et
l'injuste. La loi divine est seule en état de rendre

l'âme immortelle, car elle contient en elle les deux
conditions de la perfectibilité humaine; et son objet, c'est aussi bien la distinction du juste et de
l'injuste, base de toute moralité, que celle du vrai
et du faux, base de toute science. Les philosophes
placent la perfection de l'âme dans le savoir théo-
rique, qui, pourtant, ne suffit pas; car l'action, la
pratique rigoureuse, telle que la prescrit la Thora,
est indispensable à la perfection (*Ibid.*, III, 4).

Albo s'exprime plus nettement encore sur ce
point, quand il dit ailleurs : « Plusieurs philosophes déclarent que l'âme est un être indépendant, spirituel, capable de raison, échappant,
comme tel, à la destruction, et appelé à jouir de la
béatitude en proportion de ses progrès dans la
science. Cela est faux; car, si l'âme n'arrivait pas,
comme ils le croient, à s'approprier les idées rai-
sonnables (à la pensée raisonnable, à la philosophie), la capacité d'y arriver lui aurait donc été
donnée en vain. D'ailleurs, sur un millier d'âmes, il
y en a à peine une, encore est-ce trop dire, qui arrive
à la perfection; qu'adviendrait-t-il alors des autres?
Si nous mettons la perfection dans l'intelligence
des axiomes, la destinée du juste et celle de l'impie
pourront donc être semblables? Nous devons donc
définir l'âme un être spirituel et indépendant, ca-

11

pable d'agir conformément à la volonté divine
(*Ibid.*, III, 3 et suiv.; IV, 29).

Chisdaï se rapproche également du point de vue
d'Alexandre. Il définit l'âme : la force du corps, une
substance spirituelle, capable de raison, mais non
raisonnable par elle-même. Elle est forme, parce
que sans elle, la définition de l'homme (l'idée
d'homme) est impossible; elle est substance, en
tant que prototype de la forme; spirituelle, parce
qu'elle veut, conçoit, pense et se détermine sans les
organes des sens; elle est une force, en tant que support de la pensée et sujet de la raison ; elle n'est pas
raison effective, parce qu'elle n'est que virtuelle-
ment raisonnable (Manassé, *Comm. sur le Nischm.
Chaim.* II, 4).

Jehuda Halevi avait professé longtemps auparavant
des idées plus indépendantes. L'âme n'est, suivant
lui, ni matérielle, ni accident du corps; forme
du corps, elle est indivisible; c'est un être indépendant, angélique, divin. Toutes les forces corporelles
sont affaiblies par des impressions trop fortes : ainsi
l'œil par une lumière trop perçante, l'oreille par
un son trop aigu ; l'âme au contraire se fortifie d'autant plus que l'objet de la pensée est plus élevé.
L'âge affaiblit l'organisme, mais n'ébranle point
l'âme ; au contraire, elle a plus de vigueur à l'âge

de soixante ans, lorsque le corps est déjà sur le retour. Les œuvres de l'activité intellectuelle sont infinies : mathématiques, arithmétique, idéalisme, axiomes, etc. Elle constitue par conséquent un fluide divin qui pénètre l'organisation humaine, qui cherche dès cette vie à prendre son essor vers un monde idéal et se rapproche de la Divinité lorsqu'elle en suit les commandements. Avec un tel point de départ, il n'y a pas à reculer; l'âme est immortelle, puisqu'elle est immatérielle; la mort est la dissolution du corps, l'âme ne connaît point la mort (*Cosri*).

Citons encore quelques philosophes qui accommodèrent les idées aristotéliciennes sur l'âme aux exigences religieuses, en restant plus on moins orthodoxes. Il faut dans le nombre remarquer la théorie de Nachmanides qui ne sut pas s'élever à l'idée purement spirituelle de l'âme.

Saadia Gaon (Emunot-We-deot, 6) dit : Rien d'autre que Dieu n'existe de toute éternité, les âmes sont donc créées. Leur essence est pure comme celle des sphères, elles reçoivent de la lumière comme celles-ci. En soi, l'âme est d'une essence encore plus pure ; aussi le corps est-il sans elle un objet mort.

De l'essence de l'âme, Saadia dit : L'âme ne peut agir que par les organes; elle doit au corps trois facultés : la connaissance, la haine et le désir. Si

elle ne s'unissait antérieurement avec le corps (c'est-
à-dire si elle avait persisté dans l'état préexistant),
elle n'arriverait pas à la béatitude et à la durée éternelle, car ni l'une ni l'autre n'est possible que par
l'observation des commandements divins.

Aben Esra dit : l'âme s'appelle Neschama (ce qui
est en hébreu l'anagramme de *Schamaim*, ciel),
parce qu'elle est de nature céleste. L'âme n'est pas
un accident du corps (Commentaire sur le *Kohelet*
XII, 7). La *Neschama* et le *Ruach* constituent l'âme
supérieure, qui dure éternellement et qui est immortelle (chapitre des *Mischpotim*).

Serachia dit : l'âme est une émanation de la Divinité, du trône de la majesté, et elle aspire à retourner
à son premier séjour, et à atteindre à la sagesse. Le
trône de la majesté est appelé par les philosophes
la sphère de la raison.

Nachmanides dit (dans sa *Porte de la Rémunération* : La tradition des rabbins nous enseigne que
Dieu a créé les âmes des justes. L'âme est sans con-
tredit le plus fin et le plus pur éther, incorporelle,
illimitée ; ce n'est pas une substance qui occupe un
certain espace, qu'on puisse, comme d'autres fluides,
enfermer dans des vaisseaux ; elle est de la nature
des anges, et encore plus élevée qu'eux.

Jedaiah Hapenini est au contraire un pur spiritualiste : On se fait, dit-il dans son écrit apologétique adressé à Adrat, des idées très-diverses de l'état de l'âme après sa séparation d'avec le corps. Les uns estiment qu'elle reste corporelle, adonnée aux jouissances sensuelles dont elle a contracté l'habitude sur la terre; d'autres sont du même avis, mais ajoutent seulement que l'activité de l'âme s'exerce alors dans d'autres conditions qui nous sont inconnues. Plusieurs croient qu'elle n'a plus alors de besoins de ce genre, mais la regardent néanmoins encore comme contenue dans l'espace. Plusieurs la supposent composée encore de matière et d'esprit. Pour d'autres, elle est bien incorporelle, mais faite d'un tissu extrêmement fin. Quelques-uns prétendent que l'âme est un composé dû au mélange et à l'action réciproque des qualités premières; que par conséquent elle est un accident et non une substance. Selon d'autres, elle est l'esprit de vie ou le sang et les humeurs.

Ces diverses opinions sont toutes erronées, car l'âme est incorporelle, et ne se distingue des anges qu'en ce qu'elle est unie à un corps. Grâce à sa nature purement spirituelle, elle est susceptible de perfectionnement, sensible aux influences supérieures, et destinée à toujours durer.

Quant aux théories de quelques autres philoso-

11.

phes juifs, nous en parlerons ultérieurement en traitant de la destinée future de l'âme.

Les coryphées de l'école philosophique juive se représentaient donc en général l'âme comme une substance distincte de la matière spirituelle; et, pour satisfaire aux exigences religieuses, ils faisaient de l'observation des commandements divins la condition *sine quâ non* de l'immortalité de l'âme et de la béatitude qui lui était réservée; ils ne pouvaient donc d'ifférer essentiellement sur la nature, même de cette immortalité; ils s'accordèrent aussi à modifier certaines autres idées d'Aristote. C'est dans cet esprit qu'ils rejetèrent tous la théorie péripatéticienne suivant laquelle l'âme, devenue parfaite par l'exercice de la raison, s'identifierait après la mort avec l'intelligence active; ils se rattachèrent fortement à une immortalité personnelle avec souvenir et conscience de la vie terrestre; car une fusion des âmes individuelles dans une sorte d'âme universelle est inconciliable avec les principes religieux de liberté morale et de rémunération future; elle ne s'accorderait pas davantage avec l'idée philosophique de l'immortalité, d'après laquelle, dit Kant (*Critique de la raison pratique*, 219), l'âme doit : 1° continuer à l'infini son perfectionnement moral et devenir heureuse en proportion,

2° durer avec la conscience de sa personnalité.

La bête, dit Albo, a une perpétuité d'espèce, mais l'homme a, outre sa perpétuité d'espèce, quant à la partie matérielle de son être, une perpétuité individuelle, quant à son âme (*Ikar.*, IV, 30).

Le plus grand nombre s'accordaient à penser que l'âme, après la mort, faisait de nouveaux progrès dans la connaissance de la science, et arrivait à des idées beaucoup plus hautes, plus pures et plus vraies. Si *Levi-ben-Gerson* croyait que l'âme après la mort n'était susceptible d'aucune idée nouvelle, parce que les perceptions et les catégories sans lesquelles Aristote ne croit qu'aucune idée soit possible, dépendent elles-mêmes des organes corporels, de telles opinions ne trouvèrent que fort peu d'écho, et Manassé (*Nisch.*, chap. I, 11) avance qu'Albelda en a démontré le peu de fondement, en faisant remarquer que les paroles d'Aristote ne s'appliquent à l'âme que pendant son union avec le corps. Levi-ben-Gerson accorde lui-même que l'âme peut perfectionner dans le monde à venir les idées acquises dans celui-ci; un point, du reste, sur lequel presque tous sont d'accord, c'est que les idées nouvelles, claires, vraies que l'âme acquiert alors sont précisément celles d'où découle son ineffable béatitude.

Les divergences sont plus manifestes au sujet de
la rémunération des peines et des récompenses
futures; tandis qu'elle apparaît chez les uns sous
un aspect franchement spiritualiste, elle revêt,
chez d'autres, et particulièrement chez ceux qui se
rapprochent du cabalisme, une teinte plus ou
moins matérialiste. Ceux-ci avaient moins besoin
de mettre leurs vues philosophiques en harmonie
avec les décisions du Talmud; car le Talmud, admettant le corps à participer aux peines et récompenses futures, semblait autoriser leur dérogation
aux véritables enseignements philosophiques. D'ailleurs, l'école philosophique sacrifiait à la raison
abstraite, tandis que chez les kabbalistes, c'est le
sentiment qui dominait, et qui ne pouvait admettre
comme suffisant le seul progrès de l'intelligence et
de la connaissance. Plus grande encore fut la con-
cession que l'école philosophique dut faire à la
théorie talmudique de la résurrection; du moment
où l'on comprenait la valeur d'une immortalité
purement spirituelle de l'âme, où l'on admettait
comme possible une rémunération purement spirituelle et un progrès à l'infini de l'âme, dégagée
du corps, vers la perfection et la félicité, la théorie
talmudique était devenue parfaitement superflue;
et pourtant l'école philosophique tout entière ad-

mettait la divinité de la tradition talmudique, et n'osait repousser la croyance à un rapprochement futur de l'âme et du corps. Aussi les philosophes religieux du judaïsme passent-ils assez rapidement sur cette épineuse question; seul, Albo hasarde cette téméraire interrogation : Ne faudrait-il pas, sous le nom de résurrection, comprendre en général tout ce qui se rapporte à la vie future? (*Ikarim*, IV, 31)? Maimonide aussi se rapproche tellement des idées philosophiques relativement à l'état de l'âme après la mort, que, suivant lui, les hommes ne ressuscitent que pour mourir de nouveau, et l'âme rentre alors en possession de sa béatitude première (*Ikarim*, IV, 30).

Exposons maintenant les principales idées de ces philosophes sur les peines et les récompenses, en commençant par Maimonide, son plus illustre représentant, celui qui en atteignit les hauteurs et qui en prépara la conciliation avec la théologie.

Maimonide énumère cinq espèces d'idées vulgaires que le commun des hommes se fait de l'immortalité après la mort et de la rémunération future :

1° La récompense de la vertu et d'une vie agréable à Dieu est le paradis, séjour où l'on mange et boit à satiété, où l'on habite des maisons de diamants,

où l'on repose sur des tapis de soie et sur des lits
élevés, où l'on est assis près de ruisseaux de vins et
de parfums, etc. Les peines sont infligées dans
l'enfer, séjour où les corps sont soumis aux flammes
et à d'autres tourments ; 2° Royaume messianique.
Les hommes sont alors grands, forts, puissants,
maîtres du monde. La terre fournit des habits tout
faits, de beau pain et mille autres impossibilités de
ce genre; les coupables sont privés de toutes ces jouis·
sances; 3° Résurrection. L'homme est de nouveau
réuni à sa famille et à ses amis; il boit, il mange, il
est immortel. La peine consiste dans le contraire de
tout cela ; 4° Jouissances corporelles et matérielles
sur la terre, royaume israélite. La peine, c'est le
contraire de tout cela; 5° Fusion de toutes ces théories. Royaume messianique, résurrection, paradis,
où l'on se livre éternellement à toutes les jouissances
sensibles.

Nulle de ces conceptions, ajoute Maimonide , ne
pénètre jusqu'à la véritable essence de la béatitude ;
elles tournent dans le cercle des idées vulgaires et
agitent de graves questions de ce genre : si les morts
ressusciteront nus ou habillés, ou revêtus de leurs
habits de mort; ou si, à l'époque messianique, le
pauvre et le riche, le faible et le fort seront égaux, etc.
Si nos sages ont, dit Maimonide, donné cours à de

pareilles opinions favorables aux préjugés populaires, ils n'avaient d'autre but que de fournir au
vulgaire des idées de peines et de récompenses
futures proportionnées à son intelligence. C'est
ainsi qu'on excite le jeune enfant au travail en lui
promettant des friandises ; plus tard, on l'attire à la
science en lui promettant de beaux habits ; lorsque
l'enfant grandit, il faut lui promettre de l'argent ;
plus tard, le sentiment de l'honneur lui sert d'ai-
guillon. Mais au fond, c'est pour elles-mêmes qu'on
doit cultiver la science et pratiquer la vertu ; mais
on peut toujours, pour en propager le goût, montrer
sur le second plan des buts moins élevés, jusqu'à
ce que le disciple soit devenu mûr pour les considérations les plus élevées de la science et de la
vertu, et sache les aimer, les cultiver pour elles-
mêmes. Le but que les rabbins se proposaient,
c'était d'entretenir et de fortifier le peuple dans le
respect des commandements divins. Pour y atteindre, ils se servaient d'images propres à frapper les
sens.

Les sages et les guides du peuple peuvent donc se
partager en trois classes : 1° la première s'attache
opiniâtrément à la lettre des explications rabbini-
ques, bien que l'intelligence la moins exercée sai-
sisse facilement ce qu'il y a d'impossible et même

de dangereux dans la stricte littéralité. Des vues
aussi bornées sont d'autant plus regrettables, que
la croyance ainsi présentée fournit aux autres partis
religieux un texte abondant de sarcasmes ;

2° D'autres méprisent et ridiculisent les rabbins,
qui auraient été, suivant eux, les plus ignorants et
les plus étroits des hommes. Les esprits forts de
cette espèce se trouvent principalement parmi les
médecins et les astrologues ;

3° Quelques hommes d'élite, si peu nombreux
qu'à peine on peut les nommer une classe, rendent
justice aux rabbins et déclarent qu'ils ont eu assez
de raison pour discerner le possible de l'impossible, et qu'on ne saurait en douter si l'on apprécie
à leur juste valeur leurs sages et véridiques décisions. Ces hommes éminents prennent toutes les
descriptions matérielles des rabbins pour de pures
allégories, pour l'écorce qui, à l'intérieur, contient
un fruit. La vraie béatitude consiste alors en des
jouissances purement spirituelles, telles que l'explication des vues de Dieu et de ses œuvres, la plénitude du développement de la raison, les progrès de
l'intelligence pénétrant dans l'essence de Dieu au
même point que les anges. Le but dernier, la félicité
dernière, c'est de se rapprocher de cette auguste
assemblée (celle des anges) ; ainsi l'âme arrive à se

reposer éternellement dans le sein de Dieu qui est
le fondement de son être et qu'elle a appris à comprendre comme la vraie philosophie le lui enseigne.
Tel est le vrai, l'incomparable bonheur.

Le plus grand des maux, au contraire, c'est l'anéantissement de l'âme : quiconque est tombé dans la
sensualité et n'a pas voulu reconnaître la vérité, devient tout matière et périt comme la matière.

L'Éden, lieu béni, peut bien être un jour le séjour
des justes ; mais l'enfer n'est qu'un mot pour signifier la douleur et la torture. Les rabbins ne s'expri-
ment pas, du reste, nettement sur ce point, car, selon
quelques-uns, les méchants sont brûlés par le soleil ;
selon d'autres, un feu dévorant s'échappe de leur
corps.

La résurrection est un principe proclamé par
Moïse ; le juif doit y croire ou se séparer du judaïsme.
La résurrection n'est que pour les justes ; les impurs
sont déjà morts leur vie durant.

Le Messie doit restaurer le royaume juif et l'élever à l'apogée de sa gloire ; tout alors ira naturellement, on vivra agréablement et sans labeur. Mais,
le terme final reste toujours la vie future, qu'on ne
peut atteindre que par la sagesse, c'est-à-dire la
Thora, dont les prescriptions morales ont pour but

12

de nous rendre parfaits ; quand nous le sommes , alors les conditions de l'immortalité sont remplies pour nous (*Commentaire sur la Mischna*, chap. XI, 1).

Nachmanide admettait que le corps et l'âme participaient l'un et l'autre au châtiment et à la récompense (voy. *Ikarim*, 1, 2, où l'on regarde cette opinion comme celle de beaucoup de cabalistes). Lorsque les rabbins disent que « les âmes des justes résident immédiatement au-dessous du trône divin, Nachmanides en conclut que l'âme a encore besoin des organes , et qu'elle est revêtue alors d'une fine enveloppe corporelle ; cette opinion, à laquelle *Aaron Halevi* souscrivait aussi en ajoutant qu'il en devait être ainsi, même après la résurrection , trouva un contradicteur énergique dans Albo ; il se fondait sur les considérations suivantes : 1° l'âme ne serait, dans l'hypothèse de Nachmanides, qu'une force purement virtuelle qui, pour passer à l'activité, aurait toujours besoin d'un corps ; 2° si , après la séparation d'avec le corps et pendant son séjour dans le paradis , elle n'avait qu'une existence imparfaite, cet état de perfection ne serait possible pour elle qu'après la résurrection , et pourtant la résurrection n'est attribuée, par quelques talmudistes, qu'à l'élite des justes ; 3° enfin, l'état des àmes préexistantes serait un problème insoluble (*Ikarim*, IV, 30).

Pour conclure, nous exposerons la théorie d'*A-barbanel*, en empruntant ses propres expressions (fidèlement traduites); la ressemblance frappante qu'elle offre avec les idées du mysticisme moderne ne saurait échapper à l'esprit le moins exercé; il faut se rappeler, d'ailleurs, qu'Abarbanel, dans ses considérations philosophiques elles-mêmes, s'in-clinait devant la cabale.

« Sache-le, tous les êtres spirituels que Dieu a laissés émaner de lui-même, Dieu les a tous unis, jusqu'à un certain point, avec une matière prise du monde corporel. Ce rapprochement devait donner la vie au monde matériel et le mettre en rapport avec l'intelligence divine, afin que le monde entier fût un sanctuaire de Dieu où tout être pût re-connaître et louer Dieu, ce qui est le but divin de la création. Mais la matière ne pouvait reconnaître son Créateur, si une étincelle de la lumière divine et raisonnable, qui rayonne de Dieu, ne s'unissait à elle; de là, l'union des êtres intelligibles avec les êtres matériels pour tirer ceux-ci de la passivité. Ainsi maintes intelligences s'unissent avec les sphères divines et les mettent en mouvement, d'autres avec certains astres qui exercent de l'in-

fluence sur nous, d'autres enfin avec d'autres corps
. éthérés.

« Dans leur état primitif, les âmes humaines
sont unies à des corps fins et éthérés, de nature
céleste, qui ne sont pas perceptibles au sens de la
vue. Dès lors les âmes ne s'en séparent plus, ni
avant, ni pendant leur vie terrestre, ni après
qu'elles se sont séparées de leur corps terrestre.
Ces enveloppes du corps éthéréo-matérielles sont
appelées par Salomon « esprit de l'homme, » lequel
diffère de l'esprit vital des bêtes. En effet, l'esprit
et la vie de la bête naissent, en même temps
que la bête, de l'âme du monde, source de toutes les forces périssables. Les âmes des bêtes
n'ont donc pas la force divine raisonnable, comme
les âmes et les esprits qui émanèrent de Dieu à
l'origine de toutes choses. Celles-là ont une nature
divine raisonnable, à titre d'œuvres du suprême
Démiurge ; tandis que les âmes des bêtes et des
plantes, comme les natures et les formes des minéraux, sont l'œuvre d'un serviteur de Dieu, de l'intellect actif, que les rabbins nomment *Sandalfon.* »

L'esprit de l'homme est donc de nature céleste et
de la famille des êtres supériéurs. Il a son orbite
propre, comme les corps célestes, les astres. C'est
ce qui a fait dire au sage Platon que l'âme roule sur

elle-même dans un orbite, qu'elle se trouve au
dedans ou en dehors du corps, soit avant d'être
unie à lui, soit après qu'elle en est séparée.
Grâce à ce mouvement, elle arrive à se comprendre
elle-même et à reconnaître son auteur, qui agit
éternellement en elle et la conduit à la perfection.

La fine matière éthérée est donc le support de
l'âme raisonnable, de « l'esprit dans le cœur de
l'homme : » de là découlent non - seulement les
forces reproductives et sensitives, qu'il partage
avec les animaux, mais encore les forces divines, à savoir les idées représentatives de la perfection de Dieu et de ses œuvres, des anges qui sont
pur esprit, et toutes les facultés supérieures qui
sont des effets de la raison. Cet esprit de vie se meut
continuellement dans le cœur et dans les nerfs par
un mouvement circulatoire que les médecins appellent force d'expansion et de contraction. Cet esprit
ne doit pas être confondu avec d'autres esprits, tels
que ceux qui peuvent être extraits du sperme, ou
formés des sucs les plus délicats, ou produits par la
chaleur naturelle ; non, c'est un esprit de nature
céleste, qui entre dans le corps de l'homme en même
temps que la vitalité corporelle, qui forme l'homme
dès le sein de sa mère, qui dirige ensuite son développement et toutes les fonctions nécessaires à la

durée de son existence. Cet esprit ne naît donc pas en
même temps que le corps, il ne se dissout donc pas
en même temps que lui ; il ne se volatilise pas non
plus comme les autres esprits ; c'est lui, au contraire,
qui façonne l'homme dans tous ses détails , qui, par
son mouvement circulatoire, crée la chaleur du
corps, comme le soleil et les corps célestes, qui
sont de même nature que lui, échauffent le monde.
C'est aussi son mouvement circulatoire qui met en
mouvement les esprits du sang, et produit la circu-
lation du sang dans les veines. Que cet esprit abandonne le cœur, aussitôt l'éclat, la beauté du corps
se dissipe, le mouvement cesse au centre, et avec
celui-là, tout autre mouvement dans le corps, et tous
les effets corporels et rationnels, car le divin guide
a disparu avec l'âme, dont il était le support. Le
support matériel est appelé par les rabbins *Ruach*
(esprit), car il est, en dépit de sa matérialité, fort
subtil et jusqu'à un certain point spirituel ; l'être divin dont il est le support, c'est-à-dire l'intellect, est
appelé par eux *Neschama* (âme, souffle), parce qu'il
est une émanation de la Divinité, de même que la
respiration est une émanation de l'homme ; le composé de l'un et l'autre élément, ils l'appellent
Nephesch (être doué d'âme) ; ils attribuent au *Ruach*
tous les mouvements de l'homme, car le mouvement

est un attribut de la matière; mais les effets rationnels idéaux appartiennent à la *Neschama*; enfin tous
les effets à la fois naturels et rationnels dépendent
du *Nephesch*, parce qu'ils sont composés de mouvement et de conscience.

Après la mort de l'homme, l'âme (*Neschama*) continue à rester unie avec l'esprit (*Ruach*). Ils arrivent
alors soit à un lieu approprié à leur nature et homogène avec elle, le lieu de la récompense que les rabbins nomment figurément et par métaphore, *jardin
d'Éden*, parce que dans le mot d'Éden est contenue
l'idée de délices et de plaisirs, soit à un lieu en con-
tradiction avec leur nature, le lieu du châtiment
d'où ils jettent d'inutiles regards vers le lieu qui est
seul approprié à leur nature; mais ils sont précipités
dans l'abîme par le poids de leurs péchés et par les
chaînes de leurs vices. Ce lieu s'appelle enfer,
Gehinom; l'esprit et l'âme y restent un temps pro-
portionné à l'étendue des fautes qu'ils ont à expier
(*Miphalot Elohim*, VIII, 6).

Sur les peines de l'enfer en particulier, *Albo* s'exprime de la sorte :

« Les peines de l'enfer et les tourments de l'âme
consistent essentiellement en ce que l'âme de
l'homme qui a, pendant la vie, tout sacrifié aux
sens et aux plaisirs corporels, qui, se détournant

absolument du bien et reniant sa nature meilleure,
s'est abandonnée à l'impulsion du corps, en ce
qu'une telle âme éprouve, même après sa séparation du corps, les mêmes désirs qu'auparavant pour
les objets qui lui étaient devenus indispensables.
Or, comme les organes corporels lui manquent
pour satisfaire de tels désirs, et que, d'un autre
côté, elle aspire par essence à se rapprocher des
formes supérieures, comme elle se sent attirée par
les objets spirituels auxquels elle est devenue étrangère, parce que les principes de la science et la pratique de la loi divine lui manquent, alors elle chan-
celle en quelque sorte entre les deux directions et
ne peut atteindre ni l'un ni l'autre objet. Être ainsi
ballottée lui cause plus de douleur et de tourment
que toutes les douleurs du monde, que le feu, le
froid et la fièvre, que les coups de poignard, le ve-
nin des serpents, la morsure des scorpions. Tel est
la véritable douleur de l'âme, mais le feu ne peut
rien sur elle, puisqu'elle est un être spirituel. »
(*Ikarim,* IV, 33.)

Conséquent avec sa théorie, qui fait de la culture
de la raison et de la pratique de la vertu la condition de la substantialité de l'âme et de son immortalité, Maimonide, partisan si déclaré d'Aristote, dut
se prononcer pour la non-immortalité des âmes

coupables, c'est-à-dire des âmes de ces hommes qui
ont commis des fautes, qui ont encouru la peine du
charet, et qui sont morts dans l'impénitence finale.
L'âme qui ne porte pas en elle sa raison de durer
en Dieu, est, selon Maimonide, vouée au néant. Celui qui n'est pas digne de la vie future, dit-il dans
un autre endroit (*H. Teschuba*, VIII, 1), celui-là est
mort, c'est-à-dire ne vit pas éternellement, mais il
périt avec sa méchanceté comme la brute ; et c'est
là, ajoute-t-il, ce qu'il faut entendre par *charet*, à
savoir que l'âme est retranchée (*chara*, retrancher)
de la vie à venir.

Il est vrai que Maimonide n'explique pas pourquoi
l'âme chargée de crimes capitaux, celle de l'athée,
du meurtrier, de l'hypocrite, etc., n'est pas anéantie, mais soumise seulement aux peines de l'enfer ;
tandis que pour avoir fait usage du sang et des
aliments défendus, violé le jeûne pendant le jour
d'expiation, ou mangé du pain levé à Pâques, etc.,
on est voué à la peine du néant.

Pour l'honneur de nos théologiens philosophes,
nous pouvons citer des hommes qui ont nié, qui
ont déclaré impossible l'anéantissement de l'âme.
De ce nombre sont *Abarbanel* et le cabaliste *Re-*
chai.

Un anéantissement absolu, dit Abarbanel (*Com-*

mentaire sur le Pentateuque, chap. Schelach), est inconciliable avec l'idée de l'âme, substance simple,
qui, par nature, échappe au néant : il faut donc entendre par *charet* une mort prématurée ici-bas, et
dans la vie future, l'état d'une âme éloignée de
l'éclatante *Schechina,* privée de toute participation
aux émanations supérieures, réservées aux âmes
qui arrivent à « l'alliance de vie. » Cette peine
s'appelle *charet* (retrancher), parce que l'âme qui en
est frappée ressemble au rameau détaché de l'arbre
d'où il tire sa nourriture et sa vie; ainsi une âme
pareille est retranchée de la céleste « alliance de
la vie » et de la jouissance de « l'éclat de la *Schechina,* » qui est un plaisir spirituel et une récompense spirituelle. Elle subit, sans être anéantie,
dans la proportion de ses fautes, des peines plus ou
moins fortes. La peine une fois subie, elle participe
également à la joie et au plaisir. Bechai ne s'exprime pas sur le *charet* avec moins d'humanité et
d'élévation. L'âme condamnée à la peine du *charet*
a, dit-il, pour toujours une place à part des autres;
mais, la peine une fois subie, elle reçoit sa juste
récompense et, en aucun cas, elle ne peut être
anéantie.

De tels hommes n'étaient pas infidèles à l'esprit
de la philosophie, et ils pensaient comme Leibnitz,

qui a dit : « Notre âme est une substance, nulle substance ne peut périr que par un miracle d'anéantissement; comme l'âme n'est pas un composé de
parties, elle ne saurait se résoudre en plusieurs
substances ; elle est donc, par nature, immortelle. »
(*Système de théologie.*)

B.

L'IMMORTALITÉ DE L'AME DANS L'ÉCOLE CABALISTIQUE.

La cabale, quoiqu'elle ait accueilli dans son sein
des éléments nouveaux et étrangers, quoiqu'elle
semble au premier coup d'œil une forme nouvelle
du judaïsme, ne répudia pourtant point les principes talmudiques; au contraire, les cabalistes s'em-
parèrent des matériaux que leur fournissent le Talmud, et, en les passant à leur creuset chimique, ils
en tirèrent, par les opérations les plus variées, des
produits nouveaux. Ils y déployèrent un luxe inac-
coutumé d'imagination et de subtilité, et ils se com-
plurent à élever un inextricable labyrinthe, pour
sortir duquel le fil d'Ariane suffirait à peine. Leur

doctrine des émanations n'était pas simple, mais
étudiée jusque dans les plus petits détails, et si em-
brouillée, si mêlée, des sommets extrêmes jusqu'aux
extrêmes profondeurs, que le spectacle de l'ensemble
donnerait le vertige même à un œil exercé.

Des dix émanations (*Sephirot*) de l'infini (*En-sof*)
qui sont, comme les Æons, des modifications de la
Divinité, parfaitement spirituelles et portant encore
en elles l'essence divine, chacune contient en elle-
même dix sephirot, comme chacun des quatre
mondes *Azilut, Beria, Jezira* et *Assia* se compose
des mêmes dix sephirot qui, à leur tour, en
enveloppent chacune dix autres. Faut-il s'étonner
alors si les âmes des hommes qui descendent des
diverses sephirot doivent être divisées à l'infini, et
s'il existe entre elles une multiplicité de gradations
à défier toute combinaison arithmétique? C'est ainsi
qu'il y a des âmes du monde Assia, comme de la
plus infime des émanations intelligibles, dont
l'origine doit être rapportée à l'une ou l'autre
des dix sephirot. Or, chaque sephira les enve-
loppant toutes dix, il existe des âmes des dix sephirot différentes, de Malchut à Kether. Il en est
de même pour le monde Jezira, pour le monde Beria, pour le monde Azilut. Il y a plus: les âmes
présentent encore des différences intrinsèques,

puisque l'on en compte cinq pour chaque homme : *Nephesch, Ruach, Neschama, Chaja,* et *Jechida;* chacune en particulier tire son origine de l'une des dix sephirot, laquelle se trouve elle-même enveloppée dans chacune des dix sephirot supérieures, d'après les quatre mondes différents! Ceci explique comment les divers cabalistes ont pu donner leurs opinions pour de véritables traditions; comment aussi, malgré la grande diversité de ces vues entre elles, chacune a pu sembler n'être point opposée aux autres et a trouvé créance ; c'est que l'infinité des rapports de filiation des âmes laissaient la plus grande latitude (3).

Écoutons maintenant quelques-unes des opinions des cabalistes, touchant l'âme humaine.

La totalité des âmes israélites viennent de la source première du bien; toutes étaient contenues dans l'âme du premier homme ; elles peuvent cependant, quant à leur valeur, être divisées en deux catégories ; les plus parfaites seulement étaient contenues dans Adam. Les deux catégories, s'étendent de la *Nephesch* du monde *Assia* jusqu'à la *Jechida* du monde supérieur *Azilut.* Les âmes supérieures occupent un rang plus élevé que les anges, car ces derniers prennent naissance dans le monde *Beria,* et les premières dans le monde *Jezira.* Mais il y a des âmes qui sont de beaucoup

13

au-dessous de celles des anges. Après Adam, cette
âme universelle se partagea en branches-mères et
branches secondaires (rayons de lumière), et ceux-ci
se divisèrent à leur tour en étincelles. D'abord cette
âme universelle se partagea en *trois* (les patriarches), puis en *douze* (les fils de Jacob), puis en
soixante-dix (nombre des personnes qui accompa-
gnèrent Jacob en Egypte, et après en *six cent treize*
(nombre des membres et des veines dans le corps
humain ; d'après le calcul du Talmud, il y a deux
cent quarante-huit membres auxquels correspond
un égal chiffre des commandements de la *Thora,* et
trois cent soixante-cinq veines, ce qui est le chiffre
des défenses contenues dans la Thora et des jours
de l'année scolaire). Les étincelles, dont chacune
est une âme, sont innombrables (*Eman. Richi* sur
le *Nischmat Chajim*).

La *Nephesch,* le *Ruach* et la *Neschama* constituent
les âmes inférieures ; la *Chaja* et la *Jechida* sont
l'âme de l'âme (*sohar*), et cette âme de l'âme n'est
pas soumise à la métempsycose.

La *Neschâma* est originaire du *trône,* le *Ruach*
de l'*ange,* le *Nephesch* de l'*Ophan* (Jalkut).

Le *Ruach* vient de Dieu, la *Neschama* de l'arbre
de vie, les organes corporels, de la *Merkaba,* la
chair, de Satan (*Sersahab*).

Les âmes des justes reposaient idéalement en Dieu, et c'est d'après cette idée qu'il a créé le monde (*Jos. Kandia* sur le *Noblot Chochmia*).

Les cabalistes s'accordent tous à reconnaître que l'âme est une émanation des dernières émanations de Dieu. *Sabatai* s'isole de tous les autres, lorsque (*Schefa Tal*, préf.) il prend à la lettre l'expression : « Partie de Dieu d'en haut », qualification ordinaire, stéréotypée de l'âme chez les cabalistes, et qu'il en donne l'explication suivante : si la plus petite partie est de même essence que le tout dont elle fait partie et n'en diffère que quantitativement, Dieu est la lumière infinie et l'âme en est une étincelle.

Manassé-ben-Israël rejette avec indignation cette théorie, en disant que Dieu est indivisible, et que la nature de l'âme ne peut s'identifier avec celle de la Divinité (*Nischm.*, II, 9). Mais tous s'accordent à faire de l'âme une émanation d'une sephirot pénétrée par Dieu, dépendant de Dieu, et angélique elle-même.

L'âme inférieure de l'homme participe des éléments minéraux, végétaux et animaux; l'âme raisonnable elle-même est sortie du plus fin des éléments, le feu : toutes ensemble, l'âme minérale, la végétale, l'animale et la raisonnable forment la *Nephesch* humaine. La *Nephesch* périt avec le corps, mais, en obéissant aux commandements divins,

l'homme acquiert une âme nouvelle, immortelle;
l'âme terrestre est mortelle (*Midr. Hancel et Luria*).

La *Nephesch* des justes ne fait qu'un avec le
Ruach, celui-ci avec la *Neschama* et la *Neschama*
touche à Dieu (*Sohar* Ch. *Teruma*). La Neschama a
deux cent quarante-huit organes spirituels qui arrivent à la perfection par les deux cent quarante-
huit commandements de la Thora; et, selon son
degré de mérite, chaque israélite reçoit une nouvelle Nephesch.

Si, par exemple, il s'élève par sa piété jusqu'à la
sephira de la grâce (*chesed*, plus ordinairement
gedula), il obtient une âme de cette sephira; le juste
courageux en obtient une de la sephira de la force
(*gebura*), l'homme loyal en obtient une de la sephira
de la vérité (*Emet*, plus ordinairement *Tipheret*).
Cette seconde âme est de la sephira du royaume
(*malchut*), composée de toutes les dix sephirot.

L'âme est une image du macrocosme, et le corps
humain, une image du microcosme. L'âme doit s'u-
nir avec le corps pour développer toutes ses apti-
tudes et pour représenter l'unité de l'Univers, l'Être
supérieur et l'Être inférieur. A mesure qu'elle descend, elle reçoit des forces et des ressources nouvelles, l'universalité est pour elle un élément de

perfectionnement, et, par l'observation des commandements divins, elle arrive à la béatitude éternelle. (*Moïse de Léon*, sur le livre *Mischkal*, I.)

Si, comme nous le démontrerons plus loin, l'immortalité était également accordée par eux aux âmes des non-israélites, la supériorité originelle des âmes des israélites n'en est pas moins reconnue par tous les cabalistes. « Vivent les enfants d'Israël ! car Dieu leur a donné des âmes saintes, d'ordre saint, meilleures que celles des autres peuples, afin qu'ils pratiquent ses commandements. » (*Sohar*, ch. *Emor.*) « Les âmes des israélites sont issues de la lumière sainte. » (*Ibid.*, chap. *Pinchas.*) « Chaque jour retentit cet appel : « Levez-vous, fils du Très-Saint ! et faites le service de votre maître, de celui qui vous a séparés des peuples, vous a donné des âmes saintes, détachées de son trône divin. » (*Midr.*, *Haneel.*, *Bereschit.*)

« La source première de l'âme est la Sephira-Bina, et c'est là aussi qu'elle retourne; de là les âmes descendent par le chemin de la ligne du milieu *Tipheret* (éclat), à l'orient du monde. Celles des autres peuples descendent à l'occident, de la Sephira *Gebura* (puissance), qu'on appelle aussi le grand feu (*Sohar* et *Bechai*, chap. *Jethro*).

Les cabalistes enseignaient tous la préexistence

13.

des âmes. « Toutes les âmes, disent-ils, existaient en Dieu depuis la création du monde, dans les mêmes formes et dans les mêmes conditions qu'elles devaient avoir ultérieurement sur la terre : au moment où chaque âme doit descendre dans un corps d'homme, elle se trouve devant Dieu avec la même forme que l'homme doit avoir sur la terre ; alors Dieu l'exhorte à garder ses commandements et à ne pas enfreindre ses défenses. C'est ainsi que toutes les âmes qui n'avaient pas encore vécu sur la terre parurent au Sinaï dans la même forme qu'elles devaient recevoir un jour sur la terre, et dans la même forme aussi qu'Adam les avait vues (*Sohar*, chap. *Wajechi*).

Toutes les âmes, depuis Adam jusqu'à la fin des temps, Dieu les a créées au commencement des choses ; elles attendent dans l'Eden, et elles étaient présentes toutes à la fois sur le Sinaï (*Tanchum*, chap. *Pekude*).

Rabbi Jochanan disait : « Il existe deux appartements réservés pour les âmes : l'un est le séjour des âmes non créées encore et qui attendent là dans la forme qu'elles auront un jour sur la terre ; ce lieu s'appelle Guf des âmes, parce qu'elles y ont déjà la forme corporelle qui leur est destinée (*Guf*, corps). Le second est réservé aux âmes qui ont déjà vécu

sur la terre et qui ont été fidèles à la Thora ; ce lieu
s'appelle : Trésor de la vie éternelle (*Midr. han.*,
chap. *Bereschit*). Toute âme masculine en contient
implicitement une féminine en elle. Lorsque Dieu
créa les âmes, chaque âme féminine en reçut une
féminine ; toutes furent remises alors à l'ange qui
préside à la génération et qui s'appelle *Laila* (nuit).
Au moment où l'âme arrive sur la terre, l'élément
féminin se sépare du masculin ; souvent l'un naît
plutôt que l'autre : ils sont destinés à un hymen
terrestre. Dieu réunit par l'hymen sur la terre les
âmes qui étaient unies à l'origine ; par cette seconde
union, elles ne forment plus qu'un corps et qu'une
âme ; la droite et la gauche sont identifiées (*Sohar*,
chap. *Lech.*) Le *Talmud* aussi attribue à Dieu la
fixation des unions : quarante jours avant la naissance de l'enfant, un *Bat-Kol* appelle les noms des
deux êtres qui sont destinés à former un couple
(*Sota. 2, a*). Le septième palais (du ciel) contient les
âmes des hommes. Lorsqu'elles doivent paraître
sur la terre, un esprit saint les prend à leur droite
et les garde jusqu'à ce qu'elles se soient unies avec
les âmes féminines qui viennent du côté gauche ;
cet esprit s'appelle *Adir Semmeh* (*Ibid.*, ch. *Pekude*).
Si quelqu'un prend une femme dont l'âme appartient à une autre âme masculine, il faut qu'il meure

à l'époque où le véritable époux doit s'unir à elle, afin que cette union s'accomplisse. « Dieu fixe donc les couples, et il a créé dès l'origine toute âme masculine avec l'âme féminine qui lui est destinée. »

« Non-seulement toutes les âmes humaines sont représentées par Dieu dans le ciel sous la forme même qu'elles doivent avoir un jour sur la terre, mais encore tout ce que l'homme découvre sur la terre, l'âme le savait avant de descendre dans ce monde (*Ibid.*, chap. *Acharé*) ; c'est une idée platonicienne que nous avons déjà indiquée dans le Talmud.

« Ce n'est pas volontiers, ni sans se débattre, que l'âme abandonne le *Paragod*, le lieu saint où elle demeure, pour entrer dans ce lieu impur qui est le sein d'une femme. Mais l'ange l'entraîne de force et la précipite dans le sein d'une femme. Aussi les sages disent-ils : C'est contre ta volonté que tu naîtras (*Obadja* sur *Abot*). Manassé-ben-Israël remarque à ce sujet que, selon Platon également, les âmes ne descendent pas sans répugnance dans ce monde (*Nischm.*, ch. II, 10). On comprend, d'après ce que nous avons dit, que les cabalistes regardent l'embryon même comme animé, et le Sohar (chap. *Tasria*) s'exprime formellement en ce sens.

L'âme, l'esprit de l'homme, c'est vraiment l'homme ; la peau et la chair sont les enveloppes de l'homme intérieur ; l'homme intérieur seul s'appelle Adam (homme) (*chajat*).

« Adam est un grand mot, car toutes les sephirot, prises ensemble, s'appellent Adam (Peliah).

« L'Adam corporel (l'homme) est semblable au souffle de la respiration ; mais il y a un Adam animé ; il y a encore un Adam, savoir : l'ange Metatron (l'intellect actif, voy. ci-dessus) ; il y a enfin un Adam, image de Dieu, et dans cet Adam-là ne se trouve ni le péché ni la mort (*Tikunim*).

« Le corps est le vêtement de l'homme (*Sohar*, chap. *Bereschit*) ; ce n'est pas celui-là qui s'appelle l'homme ; c'est l'esprit intérieur, avec ses six cent treize organes spirituels, qui seul constitue l'homme (*Recanati*, ibid.). Manassé-ben-Israël remarque (*Ibid.*, II, 14) que la même pensée a été exprimée également par Platon, dans le Timée, par Porphyre, Jamblique, Proclus et Plotin.

Le siége de l'âme est dans le cœur (la plupart des écoles philosophiques ont admis cela également) : l'âme meut et éclaire comme d'un centre le corps tout entier, comme le soleil à midi éclaire la terre. Le corps subsiste par l'âme, l'âme par l'esprit, l'esprit par Dieu, qui est le support de tous les mondes (*Midr.* han. *Bereschit*).

Le livre Jezira indique aussi le cœur comme siége de l'âme. Bechai (chap. *Bereschit*) place la faculté de penser dans le cerveau, et fait du cœur le siége de l'âme raisonnable (chap. *Waëtchanan*).

Le devoir de l'âme est de suivre, pendant son séjour sur la terre, les prescriptions divines. L'âme du juste retourne, après sa séparation du corps par le trépas, à la source de son être, à Dieu. « Le jour de la mort de l'homme est le grand jour du jugement, et l'âme ne se sépare pas du corps avant que l'homme ait vu la *schechina* (*Sohar*, chap. *Vajikra*).

« Au temps du jugement, le jour de la mort de l'homme, il est reveillé et appelé. Nul n'entend cet appel que le mourant lui-même. L'arrêt de sa mort est-il prononcé, il reçoit d'en haut un nouvel esprit, un esprit qu'il n'avait pas encore possédé, et par l'intermédiaire de cet esprit, il contemple ce qu'il n'avait pas encore pu contempler, puis il meurt (*Ibid.*, chap. Wajechi).

On admet, en général, que lorsque l'homme quitte le monde, sept jugements sont rendus sur lui : le premier, quand l'âme est sur le point de se séparer du corps ; le second, lorsqu'on s'occupe du corps et qu'on se prépare à le porter en terre ; le troisième,

lorsque la fosse s'ouvre pour le recevoir; le qua-
trième, est le jugement de la fosse; le cinquième,
celui des vers; le sixième, celui de l'âme chargée de
péchés dans le *Gehinom;* le septième, est le jugement de l'esprit, qui erre si longtemps sans repos
dans le monde et ne trouve pas de repos avant
d'avoir expié ses péchés (*Sohar,* ch. *Wajakel*).

Le jugement de la fosse (*chibbut hakeber*) est regardé comme très-effrayant; l'ange de la mort, selon d'autres l'ange *Duma,* se place sur la fosse, et
applique au mort des coups violents. Selon Rabbi
Meïr, ce jugement serait bien plus sévère que celui
du *Gehinom (Reschit Chochen.,* 12). L'auteur du *Me-
galle Amukot* fait juger le mort par cinq anges. Le
Chibut hakeber s'étend sur tous les morts sans distinction, et ses détails sont dépeints par l'imagination vulgaire sous les couleurs les plus sombres. Le corps inhumé un vendredi l'après-midi ou
à la nouvelle lune n'est pas soumis au chibbut;
c'est là une croyance qui n'a pas peu contribué à
favoriser parmi les Juifs le dangereux abus des in-
humations précipitées.

Tant que le corps n'est pas inhumé, l'âme reste
auprès de lui. *Rabbi Perachia* trouva le cadavre
d'un théologien privé de sépulture, il l'inhuma, et
alors seulement l'âme monta au ciel. (*Midr. han Rut.*,

L'âme arrive alors dans le monde des âmes et
des esprits (*Ibid.*), où un jugement est rendu sur
elle, et elle trouve ou sa récompense dans l'Éden
ou son châtiment dans le Gehinom. Mais il y a un
Éden supérieur et un Éden inférieur (l'un terrestre
et l'autre céleste) ; l'Éden supérieur s'appelle aussi
le Palais supérieur. Là se trouvent les ruisseaux de
parfums, ainsi que toutes les joies et les délices du
monde à venir. Dans l'Éden inférieur, nommé aussi
le Palais inférieur, se trouvent également des délices du monde à venir, mais seulement ceux qu'il
reçoit de l'Éden supérieur. Cet Éden supérieur
s'appelle aussi Apirion (lit de magnificence) (Sohar.
chap. *Schemot*).

Le pilier (creux) qui les unit l'un à l'autre s'appelle : le pilier de la montagne de Sion ; c'est que les
âmes montent souvent par ce pilier de l'Eden inférieur dans l'Éden supérieur, mais elles retournent
souvent dans l'inférieur. Manassé-ben-Israël essaye
d'expliquer ce va-et-vient des âmes, en l'attribuant
à ce qu'elles ne peuvent supporter encore la lumière
céleste et se sentent encore attirées par celle d'en
bas.

Les cabalistes donnent, au lieu de réunion des
théologiens dans le monde des âmes, le même nom
que le Talmud, à savoir : Session céleste, et disent

également qu'ils y sont occupés à des essais et à des discussions savantes. (*Midr. han. Rut*).

Dans l'Éden inférieur demeure le Ruach, pendant que la Nephesch reste près du cadavre jusqu'à dissolution : puis le Ruach et la Nephesch se réunissent, et la Neschama se joint à elles deux, et ainsi réunies, elles retournent au premier principe de toutes choses (*Gabaï* sur le *Abod-hakod*, 5, 2). Le Sohar place l'Eden supérieur encore au-dessus d'*Arabot* (le septième ciel du Talmud). Le livre Bechalot (au commencement) compte sept palais inférieurs et sept supérieurs, l'un en face de l'autre. L'Eden inférieur, est-il dit dans le *Jalkut Reubeni* (41), fut créé mille trois cent soixante-cinq ans avant la création du monde inférieur que nous habitons.

Le « jardin » se trouve à droite de l'Eden, vers le sud-est ; l'étendue de ce monde est à celle de l'Eden dans le rapport de un à soixante. Le sol de ce monde est incliné vers le septentrion ; il est à une palme de distance du jardin ; il confine au côté méridional du jardin. Dans la région septentrionale se trouve le Gehinom, le séjour des mauvais démons et des anges de la destruction. La forme de ce monde est celle de la lettre hébraïque *Bet ;* malgré le côté qui est libre, les vivants comme les morts ont fort à faire pour arriver à l'Eden, à cause des

14

démons (*masikim*) qui résident au nord de l'Eden ; c'est pour cette raison que Dieu a préparé des voies et des galeries souterraines qui passent au-dessous du monde inférieur et conduisent à l'Éden ; de la sorte, les âmes des justes arrivent droit à l'Éden, sans se heurter aux masikim.

L'âme ne connaît pas plus le repos absolu dans le monde futur que dans celui-ci ; elle tend sans cesse à s'élever graduellement vers l'Éden supérieur.

Mais il n'y a qu'un très-petit nombre de rares élus qui arrivent à s'approcher véritablement de Dieu. Leur résidence est la plus intérieure de toutes, de sorte que nulle clôture ne les sépare de la Divinité. Ceux-là sont parfaitement libres de se promener dans tous les palais et tous les appartements de l'Éden ; il n'y a nul degré au-dessus du leur. Tous les autres justes reçoivent des places proportionnées à leur rang (*Nischm. Adam*, s. 39).

Les âmes des enfants sont immortelles aussi (*Sohar*, chap. *Mischpatim*).

Aux portes du septième palais céleste sont les âmes des justes de tous les autres peuples qui ont bien agi à l'égard des israélites et qui ne les ont pas maltraités ; de ce séjour, ils contemplent la lumière venant du côté saint (*Ibid.*, chap. *Pekude*).

Dans le premier des sept palais se trouve l'esprit

qui préside aux âmes des prosélytes; il s'appelle
Raschmi-el (miséricorde de Dieu); il accueille les
âmes des néophytes qui se délectent de son auguste
et magnifique éclat (*Ibid.*, chap. *Schemot*).

Un petit nombre de cabalistes se prononcent
seuls pour des peines spirituelles, comme Ziuni; la
grande majorité, au contraire, admet un supplice
de feu tout physique; car, d'après les cabalistes,
l'âme, avant de descendre sur la terre, se revêt
d'un corps extrêmement fin; elle forme, par l'entre-
mise de corps éthérés, tous les organes du corps
humain selon ses formes : il faut se représenter ce
corps comme le plus fin de tous les corps (*Manassé-
ben-Israël*, 1, 13). Le feu, dit Nachmanides (*Schaar
Hagemul*), par lequel les âmes sont torturées, est
également un feu de nature toute particulière, très-
fin, approprié à des êtres éthérés. Puisque Dieu,
ajoute Nachmanides, était capable de créer les âmes
pures comme les organisations les plus fines de
toutes, il n'était pas non plus impossible à sa toute-
puissance de créer le feu le plus fin destiné à punir
et à anéantir les âmes pécheresses. C'est une opinion
que *Moïse de Léon* partage aussi (*Nischmat Chaïm*,
I, 13).

« Le lieu d'où les âmes sortent, entraînées par la
force du courant qui vient de l'Éden, ce lieu lui-

même subit l'influence et l'action énergique du feu
primitif; aussi son feu est-il en état de consumer
tout autre feu. C'est par la même raison qu'on
appelle Dieu : feu dévorant; car il y a un feu qui
consume le feu; aussi ce lieu peut-il, grâce à la
force du feu primitif, consumer non-seulement toute
espèce de feu, mais encore un feu plus subtil que
l'esprit de l'homme. »

Gabaï ajoute, en manière de commentaire, sur ce
passage (*Abod Hakodesch*): « Le feu vient du feu
primitif au Gehinom supérieur, de là au Gehinom
inférieur; et là, il est encore assez fort pour être en
état de consumer les âmes.

Nous avons déjà mentionné ci-dessus la théorie
d'Abarbanel sur le corps spirituel; elle est, du reste,
adoptée par la plupart des cabalistes qui font
châtier par le feu de l'enfer ce corps éthéré.

Bechaï (chap. *Wajechi*) pense même que l'âme
séparée du corps revêt encore de temps en temps ce
corps éthéré et reprend ainsi momentanément la
forme première que l'homme avait pendant la vie;
ceci arrive, par exemple, chaque veille de sabbat ou
le jour d'expiation. Elle flotterait alors à la surface
du monde et y remplirait certaines missions qui lui
sont confiées par Dieu; c'est dans ces circonstances
qu'elle se montrerait à certains hommes. *Joseph*

Candia (dans le *Masref Lachoch*) prétend avoir trouvé cette idée exprimée tout au long chez Jean le Grammairien.

Enfin, les âmes des méchants sont proprement les démons malicieux (*Masekim*), dont tout le plaisir est de mystifier les hommes et de leur faire du mal (*Sohar*, chap. *Wajikra* et *Tikunim*); d'autres se bornent à errer sans trêve ni merci dans le monde (*Tanchum*, chap. *Wajikra*).

Le sabbat, les punitions de l'enfer s'arrêtent. *Duma*, l'inspecteur des âmes, crie le vendredi soir : Laissez les méchants se reposer tout le temps du sabbat. De même, à l'issue du sabbat, l'ange proclame que les châtiments aient à recommencer (*Sohar*, chap., *Wajechi*, etc.).

La doctrine de la transmigration des âmes (*Gil-gul*) avait cours chez les cabalistes. Il est évident que c'est chez les Hindous, dont nous avons brièvement esquissé plus haut le système religieux, qu'il convient d'en rechercher l'origine ; elle a dû passer des gymnosophistes hindous à Pythagore, et de là dans l'Occident. Platon et les gnostiques, tels sont les intermédiaires par lesquels les cabalistes y furent initiés. La métempsycose, en effet, résolvait sans peine plusieurs problèmes de l'ordre moral. Elle explique, par exemple, pourquoi un

homme, sans avoir commis personnellement de
faute, se traîne, languissant, estropié ; pourquoi un
second tombe de malheur en malheur, tandis qu'un
autre, sans mérite personnel, est caressé par le
bonheur et traité en enfant gâté de la fortune, etc.
Les cabalistes développèrent aussi ce thème et
poursuivent cette idée jusque dans ses microsco-
piques applications, dans ses derniers détails.

Toutes les âmes étaient, nous l'avons dit, contenues dans l'âme d'Adam ; celle-ci se divisa en grands
faisceaux, ces grands faisceaux en plus petits, et
les plus petits en étincelles. Les devoirs imposés
aux âmes qui étaient encore des faisceaux de lumière l'étaient également à leurs diverses ramifi-
cations et même à chaque étincelle en particulier.
Chaque étincelle se sépare en cinq éléments :
Nephesch, Ruach, Neschama, Chaja et Jechida.
Chaque élément a deux cent quarante-huit organes
spirituels et trois cent soixante-cinq artères spirituelles. Chacun des cinq éléments de chaque étincelle doit observer les six cent treize prescriptions
et défenses de la Thora, pour perfectionner ses organes et ses artères. Les imperfections qui peuvent
rester à ces six cent treize organes sont corrigées
par la transmigration de l'âme dans un corps et
dans une vie nouvelle ; et ces émigrations ne ces-

sent pas pour l'âme, tant qu'elle n'a pas accompli intégralement sa tâche. Cependant les âmes faibles reçoivent une âme auxiliaire qui les assiste dans l'accomplissement de leurs devoirs (*Emman. Ricchi, Mischn., Chass.*, s. 34). Cette *suranimation* (*superanimatio*), si l'on peut s'exprimer ainsi, s'appelle, chez les cabalistes, *Ibbur;* c'est d'elle que nous allons parler.

Par ce qu'on appelle Ibbur, une nouvelle âme ou l'étincelle d'une nouvelle âme pénètre dans un homme vivant (c'est le sabbat que tout israélite reçoit de cette façon une seconde âme); ainsi, outre sa propre âme, il en possède désormais une ou plusieurs autres ; de là le nom de: superfétation (*Ibbur*).

La nouvelle âme ou les nouvelles âmes sont les âmes d'hommes déjà trépassés. Mais il peut se détacher d'une telle âme des étincelles, sans que cette âme perde quelque chose de sa substance; de même qu'avec une lumière on en peut allumer beaucoup d'autres, sans qu'elle en soit le moins du monde diminuée. Ces étincelles d'âmes se communiquent à toute une génération, ou bien elles ne pénètrent qu'un seul individu. Ainsi Moïse reçut l'âme de Seth. Le but de cette intervention es toujours de fournir à l'homme, pour son propre bien ou pour le bien général, de nouvelles provisions de sagesse, de lumières et de persévérance. C'est ainsi que s'associèrent à l'âme de Samuel celles de Moïse et d'Aaron, et à celle de Pinchas celles de Nadab et d'Abihu. L'âme, qui pénètre dans l'homme au moyen d'Ibbur, peut derechef l'abandonner tôt ou tard ; mais l'âme qui animait le corps par la loi de la métempsycose ne l'abandonne qu'à la mort (*Manassé-ben-Israël, Neschm.*, chap. IV).

L'âme peut aussi passer dans un corps d'animal (*Recanati*, ch. *Schenimi, passim*) ; quand elle habite un corps humain, l'âme ignore si elle est nouvelle ou transmigrée ; quand elle passe dans un animal, elle a conscience de sa migration (*Charedim*, 41).

Selon Isaac Luria, le *Gilgul* a lieu même dans les plantes et les minéraux. Ainsi l'âme de Nabal, identique à celle de Bileam, passa dans une pierre, et la femme de Lot fut changée en colonne de sel. Plusieurs âmes passent aussi dans des feuilles, et souffrent beaucoup quand elles sont poussées de côté et d'autre par le vent ; lorsque la feuille tombe de l'arbre, c'est sa mort.

La plupart des cabalistes admettent que l'âme ne transmigre pas plus de trois fois, en y comprenant sa première apparition sur la terre (*Sohar*, ch. *Bereschit*). Dans le chapitre *Mischpatim*, le Sohar in-

terprète en ce sens un passage de la Bible ainsi
conçu : « Si un père vend sa fille comme servante,
qu'elle ne sorte pas de la servitude comme les servantes. Si elle déplaît à son maître, qu'il la renvoie,
mais qu'il n'ait pas le droit de la vendre à un peuple étranger. S'il la destine à son fils, qu'il lui
fasse selon le droit des filles. S'il en prend une autre, il ne doit pas retrancher sur les aliments, les
vêtements et le logement de la première. Mais s'il
ne fait pas ces trois choses pour elle, il doit la renvoyer gratuitement, sans rançon. » (2 Moïse, XXI,
7 à 11.)

Le Sohar applique ces versets à la destinée et à
la triple migration de l'âme. « Un père qui vend sa
fille comme servante, » c'est-à-dire Dieu qui envoie
l'âme sur la terre; « qu'elle ne sorte pas de l'esclavage, etc., » c'est-à-dire qu'elle ne paraisse pas salie
de la fange du péché, comme une esclave des passions, mais pure et libre comme les anges. » Si elle
déplaît, etc., » cela veut dire, si son retour au ciel
n'est pas tel que Dieu l'attend; « qu'il la renvoie, » si
elle se repent. « Mais qu'il ne la vende pas à un peuple étranger, « c'est-à-dire qu'elle ne soit pas abandonnée aux troupes de mauvais démons qui se
tiennent à la porte de l'enfer. » S'il la destine, etc...
« si l'âme arrive pure, » qu'il lui fasse selon le droit

des filles, « c'est-à-dire, qu'on la conduise dans le palais de l'amour, qui est riche en trésors et en baisers cachés de l'amour. » S'il en prend une autre, « si elle est destinée à transmigrer, » il ne doit pas retrancher, etc..,« c'est-à-dire, elle doit subir trois migrations. « S'il ne fait pas ces trois choses, » si elle ne s'est pas améliorée successivement dans ces trois migrations, « il doit la renvoyer gratuitement, etc., » c'est-à-dire qu'elle sera rejetée comme un vase inutile.

Le livre *Bahir*, au contraire, admet mille migrations, et davantage encore.

Abarbanel (chap. *Teze*) défend la doctrine de la transmigration et en combat les adversaires.

Relativement aux divers jugements divins qui sont rendus sur l'âme, y compris le dernier jugement à l'époque de la résurrection, les cabalistes ne sont pas tous d'accord. Nachmanides (*Schaar Hagemul*) en compte trois : 1° Le jugement annuel au nouvel an ; 2° le jugement rendu immédiatement après la mort et d'après lequel l'âme va dans l'Éden ou dans l'enfer; 3° le grand jour du jugement après la résurrection. Abarbanel (*Maaine iesch*, VIII, 7) combat cette opinion ; il lui semble incompréhensible qu'un troisième jugement soit nécessaire, puisque les âmes sont immédiatement après la mort

jugées dignes ou indignes de la béatitude ; il regarde donc le deuxième jugement comme le vrai,
et pense que la résurrection n'a d'autre but que de
rendre manifeste au monde entier et visible aux
yeux du corps la récompense des bons et le châtiment des méchants. Luria, dans le livre *Chewanot*,
professe une opinion tout à fait isolée, lorsqu'il prétend que le jugement dernier n'est destiné qu'aux
non-juifs, les âmes des juifs ayant déjà reçu leur
sentence au deuxième jugement et subi de nombreuses migrations.

Dans la doctrine de la résurrection, les cabalistes,
on le voit, restèrent fidèles au Talmud. Bechai (chap.
Haasianna) parle de quatre mondes : le monde présent, le monde des âmes, le monde de la résurrection, enfin un monde plus éloigné encore après
ceux-là. D'après le Sohar (chap. *Bereschit*), l'âme qui
a, pendant ses migrations, animé plusieurs corps,
ressuscite en même temps que celui avec lequel
elle a sur la terre mené une vie vertueuse ; tous les
autres demeurent, au temps de la résurrection,
comme un arbre desséché.

Le Zend-Avesta enseigne qu'après la fin du combat de la lumière et des ténèbres, après le retour
de tous les hommes au bien et la résurrection des
morts, la terre sera détruite par un incendie uni-

versel. Dans cet embrasement général, les abîmes de
l'enfer le (*Dusak*) seront également consumés ; les
esprits méchants, purifiés par des tourments sécu-
laires de leurs erreurs et de leurs méfaits sécu-
laires, deviendront de purs esprits, et Ahriman
lui-même (le principe mauvais) reviendra au bien.

On trouve chez les cabalistes une conception ana-
logue ; à la fin des jours, Dieu fait éclater en deux
morceaux le nom du mauvais principe *Samaël* (selon une variante cabalistico-allégorique, Dieu ter-
rasse l'ange de la mort, Samaël), de manière à ce
qu'il ne subsiste plus que la dernière moitié du nom
El (être divin).

Samaël devient alors un ange divin ; alors il n'y
a plus ni mort, ni mal ; le bien, la sainteté règnent
seuls.

CONCLUSION.

Depuis l'époque dont nous venons de parler jusqu'aux temps modernes, la doctrine de l'immortalité de l'âme chez les juifs n'a guère subi de modifications.

Les philosophes que le judaïsme a produits, Spi-

noza, Mendelsohn, etc....., se placèrent sur la large
base de la philosophie ordinaire. Les idées que les
écoles juive-philosophique et cabalistique avaient
développées d'après le Talmud, se conservèrent
dans le peuple. Les treize articles de foi de Maimonide furent universellement acceptés, tandis que
les juifs pensants et éclairés, se livrant à des spéculations philosophiques d'un ordre plus élévé,
eurent peu d'égards pour maints dogmes religieux
de l'espèce que nous avons indiquée ci-dessus.

Il faut cependant mentionner, à une époque rap-
prochée de la nôtre, Manassé-ben-Israël, qui, il y
a deux cents ans, composa, sous le titre de *Nischmat
Chajim* (Amstersdam, 1652, 4), un vaste et complet
travail sur l'immortalité de l'âme, où il s'efforçait
de la démontrer par la Bible, le Talmud, la philosophie juive, la Cabale et aussi par les preuves
rationnelles.

Quant à ces dernières, Manassé invoque principalement les suivantes :

1° Celle que Jehuda Halevi, Lévi-ben-Gerson et
Bechaï tiraient de ce que l'âme garde toute sa force
même à un âge avancé et malgré de nombreuses ma-
ladies (voy. ci-dessus) ;

2° Celle du rabbin Tam. Nous voyons, dit-il dans
son livre *Ha-Jaschar* (fol. 151), que l'âme du sage

15

comprend les sphères célestes, leurs combinaisons
et constellations, leur structure, leurs mouvements, etc.; elle doit donc être au-dessus d'eux,
puisqu'elle les contient en quelque sorte en elle;
elle est donc d'une essence supérieure à la leur:
son organisation et sa sphère sont d'espèce supérieure; elle retourne donc après la mort dans
les régions vers lesquelles elle avait déjà pris son
essor dès la vie terrestre;

3o La preuve tirée de la volonté humaine; l'homme
seul est bon, se repent de ses fautes, résiste aux séductions, sacrifie ses biens les plus chers, sa vie
même à une idée plus élevée, reconnue par lui
comme vraie; il n'y a pas jusqu'au criminel le plus
endurci qui ne soit parfois accessible aux remords;

4o Nul des biens terrestres ne peut apaiser la
soif de bonheur qui dévore l'homme; l'homme seul
travaille à léguer son nom à la postérité;

5o La justice de Dieu exige une rémunération
équitable des actes humains, et comme elle n'arrive pas sur la terre, il est évident que, etc.;

6o L'immortalité de l'âme est admise par tous les
peuples de la terre; cette croyance est donc innée
à l'homme et peut être regardée comme un axiome.

Enfin, Manassé s'appuie aussi sur cette preuve *à
posteriori,* qu'à certaine époque des âmes de tré-

passés ont reparu sous la forme de bons génies, de spectres, et chez des possédés.

Manassé lui-même est philosophique et cabaliste à la fois. Il est persuadé que le corps spirituel est puni dans le tombeau, et regarde comme plausible que l'âme souffre quand elle sent souffrir le corps qui lui a été si longtemps associé. Par les mots de *monde à venir* (עה״ב), il entend, ainsi qu'Albo, le monde des âmes, où l'âme demeure jusqu'à l'époque de la résurrection. Quant aux divers jugements de Dieu, il admet, ainsi que beaucoup d'autres, que dans ce monde le corps seul est jugé; dans le monde des âmes, l'âme seule, et au grand jour du jugement, l'un et l'autre en même temps. Manassé se rallie en outre à la doctrine de la transmigration, et en général à toutes les idées de l'école cabalistique. Il regarde comme possible l'anéantissement de l'âme, Dieu seul étant absolument nécessaire, et tout le reste pouvant être réduit au néant par la toute-puissance de Dieu; ainsi le Talmud raconte (dans une allégorie) que Dieu étendit son doigt entre les anges, et qu'immédiatement après ils furent consumés par le feu.

C'est un argument dont s'est servi également, dans les temps modernes, *Hartwig Wessely* (dans un traité intitulé *Chikur din*) pour défendre la possi-

bilité de l'anéantissement. L'opinion que professait
à cet égard Moïse Mendelsohn (avec Leibnitz) est
connue de tous ceux qui ont lu son *Phédon*.

APPENDICE.

INFLUENCE DE LA DOCTRINE DE L'IMMORTALITÉ DE L'AME CHEZ LES ISRAÉLITES, SUR LE PEUPLE ET SUR L'INDIVIDU.

A supposer qu'une société puisse subsister sans
croire à l'immortalité de l'âme, son organisation
n'en serait pas moins imparfaite et incapable de
perfectionnement ultérieur.

Sans la croyance à une vie future, l'homme regarde la vie terrestre comme son bien suprême;
toutes ses actions ont l'égoïsme comme point de
départ et comme but; quelle raison peut-il avoir
alors de sacrifier sa vie ou même son intérêt à la
vertu, à la justice, à la société? Quel frein le dé-
tournera de se soustraire aux devoirs moraux ou
civiques, alors surtout qu'il se croira sûr d'é-
chapper au coup des lois politiques? La crainte

de Dieu agira peu sur lui, car la brièveté de la
vie humaine ne nous permet d'entretenir que des
rapports très-lointains avec Dieu, et l'expérience
nous enseigne assez que le sort de ceux qu'on appelle malhonnêtes gens et mauvais citoyens n'est
pas le pire de tous.

Mais si la doctrine de l'immortalité de l'âme a
tant d'influence sur la vie de l'individu et sur le
développement de la société, la manière même dont
on la comprend, l'idée qu'on s'en fait n'en a pas
moins. Quelle différence n'y aura-t-il pas, par
exemple, entre la vie d'un homme qui se croit sûr
de l'immortalité et du bonheur à venir, à la seule
condition d'articuler quelques mots, et la vie de
celui qui se croit soumis à mille obligations, pour
subir ensuite en tremblant un rigoureux jugement
divin? Avec quels sentiments différents l'un et
l'autre ne rendront-ils pas le dernier soupir!

Ces réflexions s'appliquent aux israélites, l'histoire le prouve; les modifications que subit cette
doctrine, depuis ses origines enveloppées de
nuages, jusqu'à la division des penseurs juifs en
philosophes et mystiques, tendirent à arracher la
vie de l'israélite à la glèbe de la terre et à diriger
ses regards vers le ciel; alors la vie terrestre, à
laquelle l'israélite s'était jadis cramponné si forte-

ment, fut regardée dans la suite des temps comme
vaine et fugitive, et l'on chercha dans un monde
à venir la vie réelle et la vraie patrie.

L'ancien peuple israélite était attaché de tout
cœur à la vie terrestre, car l'uniformité d'existence
et l'inaction de l'âme dans le scheol avait peu
d'attrait pour lui ; la terre, qui lui semblait l'unique
dispensatrice de tout bien, concentrait presque
toutes ses affections. La vie, la propriété, l'abondance des biens naturels, la multiplicité des enfants
étaient, à ses yeux, les dons suprêmes qu'on pouvait attendre du sort ou plutôt de Dieu, et on les
trouvait suffisantes pour constituer une vie honnête. Un petit nombre d'hommes seuls semblent
avoir reconnu la vie pour ce qu'elle était ; Jacob (et
aussi David) nomme la vie une migration éphémère
(1, *Moïse*, XLII, 9) ; Moïse entre autres semble avoir
compris le sens des mots par lesquels on lui annon-
çait qu'il serait réuni à ses pères (5, *Moïse*, XXXI,
16) ; des hommes d'élite, Josué l'inspiré (4, *Moïse*,
XXVII, 18), le serviteur de Dieu Caleb, osaient tout
et ne connaissaient point la crainte, lorsqu'il s'a-
gissait d'obéir à Dieu (*Ibid.*, 14) ; Bileam, que les
rabbins comparaient à Moïse, désirait que sa fin
fût semblable à celle des israélites ; mais le peuple
tremblait en face des dangers et ne pouvait ou-

blier les pots de viande de l'Égypte. Le plus grand
des biens et le pire des maux, la plus haute récompense et le plus redoutable des châtiments,
c'était la vie ou la mort; une prolongation d'existence de quinze années portait le roi Ezéchias au
comble de la joie. On croyait qu'il était toujours
temps de descendre dans le sombre scheol, et l'on
pensait que le plus tard était le mieux. Le roi
David lui-même, ce chantre inspiré de Dieu, celui
qui sut dépeindre avec tant d'élévation et d'éclat
la vie intérieure en Dieu et la sanctification de
l'homme par Dieu, celui qui doit avoir connu, de
nombreux passages de ses psaumes nous le mon-
trent, l'inappréciable valeur de la vie à venir,
David lui-même ne pouvait se défendre absolument de redouter le terrible scheol, et cet état de
transition de l'âme lui semblait plein de sombres
mystères. A la « race du Désert, » avec laquelle
rien de bon n'était possible, une autre, plus énergique, plus propre à la guerre, avait bien pu suc-
céder, mais il lui manquait également le solide
appui que donne la croyance à la vie future et qui
seul pouvait rendre inébranlable l'attachement du
peuple à la religion. On retombait facilement alors
dans l'idolâtrie, lorsqu'elle pouvait favoriser les
intérêts terrestres.

Quelle différence après la captivité de Babylone! lorsque la doctrine de l'immortalité fut entrée dans une nouvelle phase, lorsque le but de la destinée humaine fut placé dans la vie future, lorsque cette vie future fut considérée comme la récompense suprême de l'attachement à la religion révélée. L'israélite sut alors mourir pour Dieu et pour la vérité reconnue, aller courageusement et joyeusement à la mort; il apprit, ce qu'il n'avait guère su auparavant, à être martyr. Cette idée d'immortalité, devenue populaire dans la nation, inspira aux israélites ce courage héroïque grâce auquel ils osèrent, sous les Macchabées, tout sacrifier à Dieu et à la loi; défier Antiochus, Epiphane; reconquérir la liberté; plus tard enfin résister aux Romains, conquérants du monde et partout victorieux.

La destruction du Temple et la chute du royaume juif, la dispersion du peuple sur toute la surface du globe furent pour le peuple juif un principe de consécration et de transfiguration; il put alors couronner sa tête des palmes du martyre qui ne se faneront jamais. Il sacrifia tout à la vérité qu'il avait reconnue, et nulle des grandeurs, des séductions de la terre ne put ébranler sa foi. D'où venait au juif la force d'accomplir de tels sacrifices? De la ferme conviction d'une vie future, d'une réparation ultérieure pour les amertumes d'ici-bas, d'une riche moisson de biens impérissables, en échange de cruelles mais courtes douleurs.

La vie du juif fut dès lors une chaîne non interrompue de combats, de misères, d'exclusions et de mépris, mais il renonçait sans peine aux biens de cette vie, parce qu'il espérait davantage de l'autre. Le juif aime la vie terrestre tout autant qu'un autre, il sait apprécier les joies qu'elle peut offrir, il la tient pour un bien précieux; il s'y meut dans la proportion de la liberté qui lui est laissée; mais quand les intérêts vitaux de sa foi sont en danger, il sait tout sacrifier, et rien ne peut contrebalancer les espérances que lui inspire la vie future.

Les idées mystiques des juifs sur la vie se manifestèrent principalement en ce qu'ils semèrent d'épines le chemin de cette vie à la vie future. Dans la sévérité de leur ascétisme, ils ne se contentèrent pas de rendre l'enfer aussi brûlant que possible et d'y affecter des peines sévères à la violation des plus insignifiantes prescriptions. Là encore, l'infinie bonté de Dieu pouvait modérer l'exercice de son infinie justice; mais le *Chibbut* du tombeau, ce premier jugement, avant que l'âme subisse le propre jugement de Dieu, et qu'il ait prononcé dans

son inflexible rigueur, ce *Chibbut* rendait fort amer
le *Memento mori* de l'israélite pieux. Les juifs du
moyen âge et les juifs orthodoxes d'aujourd'hui
avaient et ont encore un sort bien plus pénible que
celui des philosophes d'alors et des libres penseurs
d'aujourd'hui, car il leur fallait renoncer à une foule
de jouissances : ils le faisaient et davantage encore ;
car ils se macéraient par les jeûnes et par des priva-
tions à peine recommandées par la religion, et ils
attendaient dans le découragement, dans l'effroi le
terrible ange Duma, et la comparution devant « le
Tribunal supérieur. »

Orthodoxes ou imbus des idées modernes, les
juifs s'en remettent également de l'avenir de leur
âme à la tendresse de Dieu, et pensent que l'Être
souverainement juste leur tiendra compte de leurs
sacrifices, capital pour ainsi dire inaliénable et
auquel, pour rien au monde, dans la plus grande
détresse même, ils ne voudraient toucher. Ils se
signalent tous par la scrupuleuse observation du
précepte talmudique que les aumônes et les œuvres
charitables marchent devant l'âme dans la vie à
venir; aussi le juif donne-t-il pendant la vie et à
l'article de la mort. Tous, enfin, sont sensibles à cet
enseignement mystique : qu'une prière des enfants
aide à la béatitude des parents trépassés; et nul

juif, de quelque nuance qu'il soit, ne manque de donner, par un *Cadïsch* (4) récité à l'anniversaire de la mort de ses parents, une satisfaction annuelle à ses sentiments de piété filiale (5).

NOTES.

—

NOTE 1, page 34.

Midrasch rabba. Midrasch est le nom générique
d'une foule de commentaires souvent cabalistiques, et
en général légendaires, sur les différentes parties de la
Bible; on en voit plusieurs cités dans cet ouvrage :
Midrasch rabba, Tanhouma, Jalkut, etc. Le sens propre
du mot Midrasch c'est : *explication;* mais le docteur
Zunz fait remarquer (*Gottesdientliche Vortraege der
Juden*) que dans le Midrasch, « l'Écriture sainte passe
« au second plan, à l'ombre du Midrasch, » en d'autres
temps que l'explication altère, transforme souvent les
idées du texte. Ce genre d'ouvrages est fort ancien et
remonte aux premiers siècles de l'ère vulgaire : nombre
de *Midraschim* sont encore inédits. M. Jellineck en a
publié plusieurs à Leipsick, dans son *Beth ha Midrasch.*

NOTE 2, page 51.

Kerem 'hemed. C'est un recueil de lettres en hébreu
dues à des savants contemporains, et qui ont pour objet
la théologie, l'archéologie, la philologie, etc. M. J. L.
Goldberg en est l'éditeur. Le premier volume a paru à
Vienne en 1833, et le dernier qui a paru est le neuvième ; il contient, entre autres, une étude sur la doctrine juive de la Providence.

Note 3, page 145.

La cabale est une doctrine philosophique de fond,
théologique de forme, qui a pris naissance chez les Juifs
antérieurement à l'ère chrétienne et qui circulait encore
parmi eux à la fin du quinzième siècle; ses deux principaux monuments sont le *Sepher Jezirah* et le *Sohar*,
d'auteurs incertains et probablement multiples. C'est là
que devraient aller puiser les personnes curieuses de
pénétrer plus avant dans les doctrines esquissées si
brièvement par M. Brecher; mais ces ouvrages ne
sont pas traduits en français : on consultera donc plus
aisément les travaux de M. Jellinek, en allemand, et
l'ouvrage de M. Franck, *la Cabale*, en français.

Note 4, page 179.

La plupart des lecteurs ignorent que le *Cadisch* est
la prière solennelle pour les morts chez les israélites.
Nous croyons donc devoir mettre sous leurs yeux : 1° le
Cadisch; 2° une autre prière devenue d'usage général,
en France surtout, dans ces derniers temps : tandis que
le Cadisch se récite pendant les jours de deuil, aux anni-
versaires de mort, etc., l'autre prière est récitée au
moment même de l'inhumation : nous commençons par
celle-là. On sera frappé, nous le pensons, de l'élévation,
de la sérénité, de la spiritualité qui règne dans ces
inspirations; elles attestent la pureté et la netteté du
monothéisme juif.

« Le Créateur! parfaite est son œuvre, justes sont ses
voies. C'est le Dieu de la vérité, de la fidélité; il n'y a
pas chez lui d'iniquité ; il est juste, il est intègre !

« Le Créateur, parfait dans tous ses actes, qui lui dira :

16

qu'as-tu fait? C'est lui qui domine ici-bas et là-haut ; il
fait mourir et il ressuscite; il nous précipite dans le
scheol, et il nous en fait remonter.

« Le Créateur, parfait dans toutes ses œuvres, qui lui
dira : qu'as-tu fait? Il parle, il agit. Fais-nous grâce
gratuitement et pour l'amour de celui qui a été offert en
holocauste. Écoute-nous, et fais-nous grâce :

« Toi qui es juste dans toutes tes voies. Créateur parfait,
plein de tendresse et de patience, grâce, pitié pour les
pères et pour les enfants ! car tu es le maître du pardon
et de la miséricorde.

« Tu es juste. Seigneur, quand tu fais mourir et que tu
ressuscites, car toute vie est entre tes mains ! Que notre
souvenir ne s'efface jamais devant toi, que ta grâce ait
toujours l'œil fixé sur nous, car tu es le maître du pardon
et de la miséricorde.

« Que l'homme vive mille ans ou un an. que lui en
restera-t-il? Il sera comme s'il n'avait pas été.

« Sois loué, juge de vérité! c'est toi qui fais mourir et
qui ressuscites. Sois loué, toi qui juges équitablement et
dont l'œil pénètre partout. Tu rémunères tout homme suivant ses œuvres, et tout homme rend hommage à ton nom.

« Nous savons, ô Seigneur! que tes jugements sont
équitables. Tes décrets sont justes, tes châtiments sont
mérités, et nul ne doit se révolter contre les jugements
que tu as prononcés.

« Tu es juste, ô Seigneur! et tes jugements sont équitables; ton essence est la vérité, tes arrêts sont justes et
intègres.

« Loué soit le juge équitable! ses arrêts sont justes et
intègres.

« L'âme de tout ce qui vit est entre tes mains ; ta droite
et ta gauche sont pleines de vérité. Aie pitié des débris
de ton troupeau , et dis à l'ange : Assez, retire la main

« Grand dans le conseil et puissant dans l'exécution,
toi dont le regard est constamment fixé sur les œuvres
des fils d'Adam, tu donnes à chacun selon ses voies,
selon ses œuvres ; tu fais comprendre à tous que le
Seigneur est parfait et qu'il n'y a pas en lui d'iniquité.

« Le Seigneur a donné, le Seigneur a repris. Loué soit
le nom de l'Éternel ! c'est lui qui est miséricordieux ; il
pardonne la faute et ne détruit pas ; souvent sa colère
s'apaise, et jamais son courroux ne s'exerce tout entier. »

Voici proprement le *Cadisch* :

« Que le nom du Tout-Puissant soit magnifié et sanctifié
dans le monde qu'il a créé d'après sa volonté : que son
règne arrive en vos jours et pendant votre vie et celle
de toute la maison d'Israël, promptement et dans un
temps prochain, et dites : *Amen.* »

Note 5, page 179.

Des renseignements détaillés sur la plupart des
penseurs juifs mentionnés dans ce volume et fort peu
connus du public, nous auraient mené trop loin ; ce sera
l'objet d'un travail spécial que des mains plus compé-
tentes entreprendront sans doute. Contentons-nous de
faire remarquer qu'une partie de ces personnages , ceux
surtout qui se sont occupés de philosophie proprement
dite, sont l'objet de notices substantielles dans le
Dictionnaire des Sciences philosophiques qui a été publié
sous la direction de l'honorable M. Franck.

NOTE FINALE.

On remarquera en France, avec plus de surprise qu'en Allemagne, que ce travail philosophique, spiritualiste, religieux, est l'œuvre d'un médecin ; on s'étonnera davantage quand on saura qu'il vient de paraître en Allemagne un ouvrage considérable intitulé : *La Doctrine de la Synagogue considérée comme science exacte*, ouvrage dû également à un médecin juif d'Altona, très-distingué comme praticien, le docteur Steinheim, actuellement fixé à Rome. Cet anatomiste et phisiologiste éminent, assez âgé aujourd'hui pour avoir dû renoncer à l'exercice de son art, est en même temps un des hommes de l'Allemagne qui, avec M. Brandis, connaissent le mieux la philosophie d'Aristote. Il a mis ses diverses connaissances médicales et philosophiques à contribution, pour produire, sur l'essence du judaïsme et l'avenir religieux du monde, une œuvre destinée, nous le croyons, à passer également en français.

FIN.

ERRATUM.

Dans le titre, au lieu de *Prosswitz*, lisez : *Prossnitz*.

TABLE DES MATIÈRES.

Typ. d'Eugène Penaud, 10, Faubourg-Montmartre.

www.ingramcontent.com/pod-product-compliance
Lightning Source LLC
Chambersburg PA
CBHW072018080426
42733CB00010B/1750